हर दसवां भारतीय मन का रोगी

जानिए, कहीं आप तो नहीं ?

डॉ. दिव्य मंगला
एम.बी.बी.एस., एम.डी
(मनोचिकित्सा)

यूनीकॉर्न बुक्स

प्रकाशक
यूनीकॉर्न बुक्स

F-2/16, अंसारी रोड, दरियागंज, नई दिल्ली-110002
☎ 23275434, 23262683, 23250704 • Fax: 011-23257790
ई-मेल: info@unicornbooks.in • वेबसाइट: www.unicornbooks.in

शाखा : मुम्बई

23-25, जाओबा वाड़ी, ठाकुरद्वार, मुम्बई-400002
☎ 022-22010941, 022-22053387
ई-मेल: rapidex@bom5.vsnl.net.in

ISBN: 978-81-7806-120-7

संस्करण : 2018

मुद्रकः परम ऑफसेटर्स, ओखला, नई दिल्ली-110020

यह पुस्तक मेरे माता-पिता
(श्रीमती उषा मंगला व डॉ. आर. के. मंगला)
को समर्पित है।

आभार

प्रस्तुत पुस्तक को लिखने में मुझे जिन गुरूजनों, परिवार जनों व मित्रों से प्रेरणा, समर्थन व सहयोग मिला है, मैं उन सभी का धन्यवाद करता हूं तथा निम्न सभी को हार्दिक आभार प्रकट करता हूं :

- डॉ. ए. के वोहरा (प्रोफेसर एवं विभागाध्यक्ष मनोरोग विभाग, पी.जी.आई. एम.एस., रोहतक)
- डॉ. बी.एस.चवन (प्रोफेसर एवं विभागाध्यक्ष मनोरोग विभाग, जी.एम.सी. एच., सैक्टर-32, चंडीगढ़)
- डॉ. एस.सी.भार्गव (प्रोफेसर, मनोरोग विभाग, पी.जी.आई.एम.एस., रोहतक)
- डॉ. लोकराज (मनोचिकित्सक इंग्लैंड)
- डॉ. सुजाता सेठी (रीडर मनोरोग विभाग, पी.जी.आई.एम.एस., रोहतक)
- डॉ. देवप्रसाद चक्रवर्ती (सहायक प्रोफेसर, त्रिपुरा मेडिकल कालेज)
- नरविजय यादव (सहसम्पादक, दैनिक भास्कर)
- माता-पिता (श्रीमती उषा मंगला व डॉ. रविन्द्र कुमार मंगला)
- पत्नी (डॉ. टीना मंगला)
- बहनें (लोकेश मंगला (L.L.B., L.L.M) व गीतिका मंगला (M.A., M.Phil. Economics)

आप सभी को व प्रकाशक महोदय को कोटिश धन्यवाद।

—

–डॉ. दिव्य मंगला (मनोचिकित्सक)
एम.बी.बी.एस., एम.डी. (मनोरोग)
मंगला न्यूरोसाइकैट्रिक एवं ई.ई.जी. सैंटर
ई.एस.आई. हॉस्पीटल के सामने
यमुनानगर रोड, जगाधरी (हरियाणा)
पिन-135003
Email: *divaymangla1975@yahoo.co.in*
मोबाइल: 09416352633, फोन: 01732-260800

भूमिका

मिशिगन यूनिवर्सिटी में फिलहाल में किए गए अध्ययनों से ज्ञात हुआ है कि हर चौथा अमेरिकावासी मन से बीमार है अर्थात मनोरोगी है। यह खबर जब अखबारों में छपी तो बहुत से भारतीय लोग मन ही मन यह सोचकर इतराने लगे कि इतना शक्तिशाली देश होने का भी क्या फायदा जिसके एक चौथाई लोग मन के रोगी हैं, परंतु इसमें खुश होने की कोई बात ही नहीं है, क्योंकि भारत भी मनोरोगियों की संख्या में कोई बहुत पीछे नहीं है। आंकड़ों के अनुसार 10 प्रतिशत हिन्दुस्तानी अर्थात हर दसवां हिन्दुस्तानी मन का रोगी है। सही व बड़े पैमाने वाले अध्ययन करने पर यह प्रतिशत और भी ज्यादा होने की संभावना है। लगातार बढ़ता औद्योगिकीकरण, तेज होती जीवनशैली व सामाजिक ढांचे में लगातार आ रहा बदलाव, ज्यादा से ज्यादा लोगों को मन का रोगी बना रहा है। मुख्य मनोरोग जिनसे हिन्दुस्तानी पीड़ित हैं, इस प्रकार हैं–डिप्रेशन, चिंतारोग, फोबिया, नशे की लत, बहम, बाईपोलर डिसआर्डर, यौन समस्याएं, मानसिक थकान, स्किजोफ्रेनिया आदि।

मनोरोगों को मानसिक अस्वास्थ्य के रूप में देखा जाता है। जिस प्रकार शरीर कई किस्म की बीमारियों व विकारों से जूझता है उसी प्रकार मन भी कई प्रकार की बीमारियों का शिकार होता है, परंतु अज्ञानता व जागरूकता की कमी के कारण ज्यादातर मनोरोगी सही इलाज नहीं करा पाते और उल्टे-सीधे चक्करों में फंस जाते हैं जिनमें प्रमुख हैं–जादू टोना, तांत्रिकों के पास जाना आदि। सही मार्गदर्शन के अभाव में ज्यादातर मनोरोगी अपनी पूरी जिंदगी रोग से ग्रस्त होते हुए निकाल देते हैं और इस दौरान वो खुद व अपने परिवार वालों के लिए बहुत से कष्टों का कारण भी बने रहते हैं।

परंतु अब समय बदल रहा है। लोगों की सोच भी बदल रही है और लगातार बढ़ती मन की समस्याओं के कारण वो मानसिक बीमारियों के बारे

में ज्यादा से ज्यादा जानने के इच्छुक हैं। उदाहरण के लिए, क्यों मन चिंता का शिकार हो जाता है डिप्रेशन क्या है मानसिक तनाव क्यों होता है लोग आत्महत्या क्यों कर लेते हैं क्या नशे की लत का इलाज है भूलने की समस्या के पीछे कारण क्या हैं और इसका उपचार क्या है आदि। भारतीय समाज में लोगों के धर्म व अध्यात्म की तरफ तेजी से बढ़ते रुझान के पीछे एक मुख्य कारण बढ़ती मानसिक समस्याएं ही प्रतीत होती हैं। इसी कारण आज भारत में प्रवचन और जनोपदेश देने वाले धर्मगुरुओं की बाढ़-सी आई हुई है। मानसिक रोगों व समस्याओं से मुक्ति पाने हेतु आज आधुनिक व वैज्ञानिक चिकित्सा प्रणाली मौजूद है, जिसे मनोचिकित्सा (Psychiatry) के नाम से जाना जाता है। मनोचिकित्सा के क्षेत्र में काम कर रहे चिकित्सकों को मनोचिकित्सक या मनोरोग विशेषज्ञ (Psychiatrist) के रूप में जाना जाता है।

अभी तक पूरे भारत में केवल 3500 डिग्री प्राप्त मनोचिकित्सक हैं जो कि मनोरोगों का आधुनिक व वैज्ञानिक प्रणाली से इलाज करने में सक्षम हैं। तीन लाख हिंदुस्तानियों के पीछे केवल एक मनोचिकित्सक का होना साफ दर्शाता है कि ज्यादातर मानसिक रोगी इलाज से वंचित रह जाते हैं। इलाज से वंचित रहने का एक और मुख्य कारण आम जनता को इन रोगों के बारे में पर्याप्त जानकारी उपलब्ध न होना भी है। इसी विषय को ध्यान में रखते हुए यह पुस्तक लिखी गई है ताकि इच्छुक व्यक्ति पुस्तक पढ़कर अपने मन के स्वास्थ्य के बारे में जानकारी प्राप्त कर सकें और रोग से मुक्ति पाने के लिए आगे कदम बढ़ा सकें।

विषय-सूची

जिस प्रकार मानव शरीर विभिन्न प्रकार के रोगों से ग्रस्त होता रहता है, उसी तरह मन भी कई किस्म के विकारों का शिकार हो सकता है। मन के इन्हीं विकारों को मनोरोग अर्थात् मानसिक रोगों के रूप में जाना जाता है।

क्या आप निराश हैं ?

आखिर क्या है डिप्रेशन का रोग? कैसे हो इसकी रोकथाम?

एक उदास व्यक्ति

डिप्रेशन यानी उदासी का रोग एक ऐसा मनोरोग है जो कि मनुष्य जाति की युगों पुरानी समस्या रहा है। महाभारत तथा रामायण में अर्जुन व महाराजा दशरथ इसी समस्या से ग्रस्त हुए प्रतीत होते हैं। अर्जुन को भगवान श्री कृष्ण ने गीता के रूप में उपदेश देकर इस समस्या से उबार लिया था, परंतु महाराजा दशरथ को राम के वियोग में अपनी जान गवानी पड़ी। आज यह रोग तेजी से समाज को अपने शिकंजे में ले रहा है। विश्व स्वास्थ्य संगठन के अनुसार (W.H.O.) के अनुसार सन् 2020 तक यह रोग मधुमेह, कैंसर, हृदय रोग तथा जोड़ों के रोगों को पार करता हुआ दूसरे स्थान पर पहुंच जाएगा। भारत में यह रोग फिलहाल, प्रमुख 10 रोगों में से पांचवें स्थान पर है।

> विभिन्न अध्ययनों के अनुसार भारत में 100 में से 4 लोग इस रोग से ग्रस्त हैं। लगभग 3.5 करोड़ भारतवासी डिप्रेशन से जूझ रहे हैं। आम चिकित्सकों व फिजीशियन के पास जाने वाले रोगियों में लगभग एक तिहाई लोग वास्तविकता में डिप्रेशन से ग्रस्त हैं। आत्महत्या करने वाले व्यक्तियों में हर पांचवा व्यक्ति इस रोग से ग्रस्त है।

पुरुषों की अपेक्षा यह रोग महिलाओं में ज्यादा पाया जाता है। छोटे बच्चों से लेकर वृद्धावस्था तक किसी भी उम्र में यह रोग हो सकता है।

. . . .

राम प्रकाश (उम्र 54 वर्ष) एक सफल व्यापारी है जो कि रोज 10 से 12 घंटे काम करता है। वह अपने परिवार का पूरा ख्याल रखता है और उसके हंसमुख व मिलनसार स्वभाव के कारण सभी लोग उसे काफी पसंद करते हैं, परंतु पिछले 3 महीनों से राम प्रकाश के व्यवहार में काफी बदलाव आने लगा था। वो अपना ज्यादातर समय दुकान में बैठने के बजाय घर पर बिताने लगे थे। धीरे-धीरे राम प्रकाश में अन्य समस्याएं जैसे नींद न आना, भूख न लगना, वजन में गिरावट आदि भी पैदा हो गई जिसके कारण उनकी पत्नी व परिवार के अन्य सदस्य काफी परेशानी में रहने लगे। अन्य समस्याएं जैसे ज्यादातर समय बिस्तर पर लेटे रहना, किसी से बातचीत न करना, अपने आपमें खोए रहना, छोटी-छोटी बातों पर रो देना आदि उनके जीवन को काफी कष्टमय बनाने लगी थी। पिछले दो हफ्तों से राम प्रकाश मरने की बातें भी करने लगे थे। ये सारे लक्षण उनमें अपने बड़े बेटे के परिवार से अलग होने के बाद आने लगे थे। उनके दोस्तों व घर वालों ने राम प्रकाश को बहुत समझाया-बुझाया परंतु वो अपने आपको संभाल पाने में बिल्कुल असहाय पा रहे थे। दूसरों के पूछने पर वो अकसर यह कहते, "पता नहीं मुझे क्या हो गया है? शरीर में ताकत नहीं, मन में हिम्मत नहीं। मेरा खुद पर से नियंत्रण खो चुका है। भगवान उठा ले तो अच्छा है।" राम प्रकाश कि यह स्थिति असलियत में डिप्रेशन के रोग का सूचक थी जो कि बेटे के परिवार से अलग होने के बाद, मन में पैदा हुए तनाव की वजह से पैदा हुई थी। इस घटना को राम प्रकाश ने बहुत गंभीरता से ले लिया और वह डिप्रेशन की गिरफ्त में आ गए। मनोचिकित्सक से मिलने पर उनका दवाईयों व बातचीत द्वारा इलाज किया गया और कुछ ही हफ्तों में ठीक होकर वह पहले की तरह दुकान संभालने लगे।

इसी प्रकार नौकरीशुदा सीमा भी पिछले 6 महीनों से डिप्रेशन का शिकार थी। मां बनने के बाद सीमा अपने परिवार व नौकरी की जिम्मेदारियों के बोझ के नीचे दबती चली गई। पति का दूसरे शहर में नौकरी करना तथा सास व ननद का उसके प्रति नकारात्मक रवैया सीमा पर लगातार

भावनात्मक दबाव डाल रहा था। कुछ महीनों तक तो वह अपनी परिस्थितियों से लड़ने में कामयाब रही, परंतु धीरे-धीरे उसका स्वभाव चिड़चिड़ा रहने लगा। थकान, मन में उदासी, काम में दिल न लगना व घबराहट आदि परेशानियों ने सीमा को चारों ओर से घेर लिया। कुछ ही हफ्तों में वह इतनी परेशान हो गई कि वो बिना किसी को बताए, अपने बच्चे को लेकर माता-पिता के पास मायके चली गई और उसने नौकरी से भी इस्तीफा दे दिया। उसकी सास व पति को लगा जैसे कि वो कोई बीमार होने का ढोंग कर रही है और जिम्मेदारियों से बचना चाहती है। वास्तव में सीमा का मन डिप्रेशन की बीमारी से ग्रस्त हो चुका था जिसको कि उसके परिवार वाले समझ नहीं पाए। सीमा के पिता जो कि एक समझदार इंसान हैं उन्होंने सीमा की मनोस्थिति को जल्दी समझ लिया और समय रहते उचित इलाज करा उसको डिप्रेशन से मुक्त कराने में महत्त्वपूर्ण रोल अदा किया।

. . . .

डिप्रेशन एक ऐसा रोग है जो कि किसी भी उम्र, लिंग व वर्ग के व्यक्ति को अपना शिकार बना सकता है। इस रोग से आम आदमी ही नहीं, बल्कि बड़ी-बड़ी हस्तियां ग्रस्त रह चुकी हैं।

रोग के लक्षण

मानसिक लक्षण

1. **मन का उदास रहना :** व्यक्ति का मन उदासी व निराशा से घिरा रहता है। वह खिन्न तथा खोया-खोया सा रहने लगता है। स्वयं को नकारा एवं असहाय महसूस करने लगता हैं। कोई भी आनंददायक घटना मन को खुश नहीं कर पाती । यह मनोस्थिति आम होने वाली उदासी या निराशा की भावना से भिन्न है – क्योंकि रोजमर्रा की जिंदगी में भी ये भावनाएं आती रहती हैं, जो कि थोड़े समय के लिए ही रहती हैं, किन्तु अच्छी व सुखद घटना के साथ ही खुशी में तबदील हो जाती हैं।
2. **अरुचि का पैदा होना :** जीवन के हर पहलू जैसे कि परिवार, इष्ट मित्रों, व्यवसाय, सेक्स तथा मनोरंजन आदि में रुचि खत्म होने लगती है। वह हर कार्य जो पहले आनंददायक तथा खुशी देने वाला लगता था, वह व्यर्थ और बेमतलब लगने लगता है।

3. **आत्मविश्वास में कमी :** व्यक्ति को ऐसे मालूम पड़ता है, जैसे कि वह कोई भी काम सही नहीं कर पाएगा, जबकि वह पहले सभी काम करने में सक्षम रह चुका होता है।

4. **नकारापन व बेबसी महसूस करना :** 'मैं किसी काम का नहीं हूं', 'व्यर्थ हूं', 'बुरा आदमी हूं', 'अब कुछ भी नहीं हो सकता', 'सब खत्म हो चुका है', 'मुझे कुछ भी अच्छा नहीं लगता', आदि तरह-तरह के नकारात्मक विचार व्यक्ति विशेष के मन में पनपने लगते हैं।

5. **एकाग्रशीलता व याददाश्त में कमी :** ध्यान शक्ति क्षीण होने के कारण व्यक्ति की याददाश्त कमजोर पड़ने लगती है, जिसकी वजह से कार्यक्षमता भी घट जाती है। एक ऐसा दुष्चक्र शुरू हो जाता है जो कि मानसिक तनाव को बढ़ाने के साथ-साथ आत्मविश्वास व आत्मबल को भी कमजोर कर देता है।

6. **चिड़चिड़ापन :** व्यक्ति छोटी-छोटी बातों पर चिड़चिड़ा हो जाता है तथा उसकी निराशाजनक भावनाओं को सहने की शक्ति कम हो जाती है।

7. **भयात्मक भावनाएं (पेनिक अटैकस) :** कुछ व्यक्तियों में अचानक दिल का घबराना, छाती में दर्द, बेचैनी, घुटन का अहसास, मौत का डर आदि लक्षण भी पैदा होने लगते हैं।

डिप्रेशन की गंभीर अवस्था में आत्महत्या के विचार भी पनपने लगते हैं

8. **अन्य मानसिक लक्षण :** अन्य मानसिक लक्षण जैसे बार-बार रोना, बेमतलब अपराध बोध का पैदा होना जैसे कि "मैं अपने परिवार पर बोझ हूं", "मैंने पाप किया है" आदि। आत्महत्या करने के विचार मन में आना तथा मरने की कोशिश करना आदि समस्याएं भी इस रोग की गंभीर स्थितियों में पैदा होती देखी गई हैं।

शारीरिक लक्षण

1. **नींद में कमी :** लगभग आधे से भी ज्यादा रोगियों में नींद से संबंधित समस्याएं पाई जाती हैं। जिनमें नींद का न आना, बार-बार नींद का टूटना, सुबह नींद का जल्दी खुल जाना आदि समस्याएं आम हैं। इसके विपरीत कुछ (15 प्रतिशत) रोगियों में अधिक नींद आने की समस्या भी पैदा हो सकती है। कुछ व्यक्ति तो दिन में 16-18 घंटे तक भी सोते देखे गए हैं।
2. **वजन में कमी :** भूख कम हो जाने के कारण वजन धीरे-धीरे घटने लगता है। रोगियों में एक महीने के भीतर ही 5 प्रतिशत या इससे भी अधिक वजन में गिरावट आती देखी गई है। इसके विपरीत कुछ रोगियों में भूख बढ़ जाती है तथा उनका वजन भी बढ़ता चला जाता है।
3. **सुस्ती, थकान व कमजोरी का अनुभव होना :** व्यक्ति सुस्ती व कमजोरी महसूस करने लगता है। छोटे-छोटे कार्यों में थकान अनुभव करना, शरीर के विभिन्न अंगों में पीड़ा तथा तनाव महसूस करना आदि लक्षण भी डिप्रेशन में आम देखने को मिलते हैं। कायिक चेष्टा कम हो जाने के कारण व्यक्ति को चलने-फिरने में भी काफी यत्न करना पड़ता है। देर-सवेर उसे अपने दैनिक कार्य भी बोझ लगने लगते हैं। व्यक्ति का चेहरा ताजगी खो देता है और वह हर कार्य बहुत धीरे-धीरे करने लगता है।
4. **अन्य लक्षण :** अन्य लक्षण जैसे कब्ज का होना, सिरदर्द, चक्कर आना, जी मिचलाना, शरीर में इधर-उधर दर्द रहना, कंधों, हाथ-पांव आदि में खिंचाव, नपुंसकता आदि भी इस रोग में अकसर पाए जाते हैं। लम्बे समय से चल रहे बदन दर्द के पीछे कई बार डिप्रेशन ही मुख्य कारण पाया जाता है।

ऊपर लिखे सभी लक्षण, जरूरी नहीं डिप्रेशन से जूझ रहे हर व्यक्ति में मौजूद हों। एक व्यक्ति के लक्षण दूसरे से भिन्न हो सकते हैं।

कारण (कैसे पैदा होता है डिप्रेशन का रोग)

1. **आनुवंशिक कारण :** डिप्रेशन का रोग परिवार में वंशागत रूप से चल सकता है। भाई या बहन के रोगी होने पर व्यक्ति में इसके होने की संभावना आम लोगों की तुलना में चार गुणा बढ़ जाती है। माता-पिता में से किसी एक के रोगग्रस्त होने पर, बच्चों में इस रोग के होने की आशंका 7 गुणा तथा माता-पिता दोनों के इस रोग से ग्रस्त होने पर बच्चों में यह संभावना 16 गुना तक बढ़ जाती है। क्रोमोसोम न. 11 व X, इस रोग को अगली पीढ़ी में पहुंचाने का कारण पाए गए हैं, परंतु परिवार में किसी के रोगी न होने पर भी यह रोग हो सकता है।
2. **रासायनिक असंतुलन :** दिमाग की कोशिकाओं में मौजूद डोपामीन, सैरोटोनिन, नोरएपीनेफरिन आदि मौजूद रसायनों का असंतुलन, इस रोग का मुख्य कारण है।
3. **मनोजननिक व सामाजिक कारण :** आपसी मन-मुटाव, पारिवारिक कलेश, पति-पत्नी के संबंधों में तनाव, खुद से जरूरत से ज्यादा आशाएं रखना, बढ़ता सामाजिक व आर्थिक दबाव, दर्दनाक घटना जैसे प्रियजन की मृत्यु आदि, नौकरी से निकाले जाना, व्यापार में नुकसान, आत्म-सम्मान को ठेस, सबसे आगे निकलने की होड़ आदि ऐसी स्थितियां हैं जो कि मानसिक तनाव को बढ़ावा दे, डिप्रेशन के रोग का कारण बन सकती हैं।

ऐसा माना जाता है कि आनुवंशिक, मनोजननिक व सामाजिक कारण एक साथ काम करते हुए मस्तिष्क में रासायनिक असंतुलन पैदा करते हैं, जिसके फलस्वरूप व्यक्ति डिप्रेशन का शिकार हो जाता है।

भारतीय समाज में मौजूद इस रोग से संबंधित कुछ गलत धारणाएं रोगी के लिए काफी हानिकारक सिद्ध हुई हैं। जैसे कुछ लोग अज्ञान वश रोगी के बारे में इस प्रकार की आलोचनात्मक बातें करने लगते हैं जैसे कि "यह तो कुछ काम ही नहीं करना चाहता," "यह तो बेहद सुस्त व कामचोर है" "बीमारी का ढोंग कर रहा है" आदि। इस प्रकार की बातें रोगी को और अधिक हानि पहुंचा सकती हैं। रोगी को इस प्रकार की नसीहत देना कि वह अपनी सोच पर काबू रखे तथा खुश रहने की कोशिश करे, भी रोगी के लिए मददगार साबित नहीं होतीं, क्योंकि डिप्रेशन से ग्रस्त व्यक्ति अपने विचारों तथा मनोस्थिति

पर काबू रखने में अक्षम होता है। अशिक्षित व कई बार शिक्षित लोग भी डिप्रेशन को जादू-टोना या भूत-प्रेत का साया समझकर, ओझाओं, चालाक ज्योतिषियों तथा तांत्रिकों के जाल में फंस जाते हैं। परिणामस्वरूप सही इलाज न मिल पाने के कारण रोग और अधिक गंभीर रूप धारण कर लेता है।

आमतौर पर डिप्रेशन को जीवन में किसी न किसी तनावपूर्ण घटना के कारण पैदा होता देखा गया है। एक तनावपूर्ण घटना जो कि एक इंसान के लिए डिप्रेशन का कारण बनती है, जरूरी नहीं दूसरे इंसान में यह समस्या पैदा करे। कार की चोरी होना, इंटरव्यू में फेल हो जाना आदि एक व्यक्ति को मामूली-सा परेशान करती हैं तो दूसरे व्यक्ति में ये ही घटनाएं डिप्रेशन का कारण भी बन सकती हैं। यह सब व्यक्ति के दिमाग की क्षमता पर निर्भर करता है कि वह कितना तनाव झेल सकता है। यह दिमागी क्षमता हरेक व्यक्ति के लिए अलग-अलग है। कुछ लोग बिना किसी तनावपूर्ण घटना के भी डिप्रेशन का शिकार होते देखे गए हैं।

कुछ महान व कामयाब हस्तियां जो अपने जीवन में इस रोग का शिकार हुई :

- **अब्राहिम लिंकन** (अमेरिका के भूतपूर्व राष्ट्रपति)
- **जेनेट जैक्सन** (जानी मानी गायिका व डांसर)
- **अरनेस्ट हेंमिग्वे** (महान लेखक, नोबल पुरस्कार विजेता)
- **सिग्मंड फ्रॉयड** (विश्व प्रसिद्ध महान मनोविश्लेषक)
- **जीम कैरी** (विश्व प्रसिद्ध कमेडियन)
- **चार्ल्स डिक्कन** (महान ब्रिटिश लेखक)
- **मुल्क राज आनंद** (महान लेखक)
- **मार्लिन मुनरो** (मशहूर नायिका)
- **बोरिस येल्तसिन** (रूस के भूतपूर्व राष्ट्रपति)
- **बज एल्डरिन** (चांद पर कदम रखने वाला दूसरा व्यक्ति)

(रोग के उपचार संबंधी जानकारी हेतु पढ़े पेज नं.-162)

''दुश्चिंता का रोग'' (बहुत बेचैन रहना, घबराए हुए रहना)

''चिंता मत करो'' कह देने से, खत्म नहीं होती चिंता

न जाने कितने बुद्धिशाली व्यक्ति इस रोग के कारण अपनी पूरी क्षमता का इस्तेमाल नहीं कर पाते और अपने आपको एक तुच्छ से जीवन का भागीदार बना लेते हैं। अनुमान है कि हर 20 में से एक भारतीय दुश्चिंता के रोग से पीड़ित है।

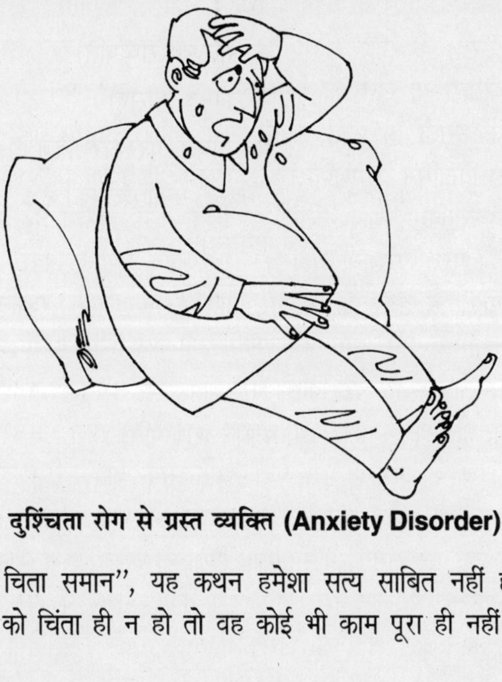

दुश्चिंता रोग से ग्रस्त व्यक्ति (Anxiety Disorder)

''चिंता चिता समान'', यह कथन हमेशा सत्य साबित नहीं होता, क्योंकि अगर किसी को चिंता ही न हो तो वह कोई भी काम पूरा ही नहीं कर पाएगा।

यह चिंता ही है जो छात्र को परीक्षा से पहले पढ़ने के लिए, माता-पिता को लड़की की शादी के लिए पैसा जोड़ने व नौकरी के इच्छुक को इंटरव्यू में जाने से पहले तैयारी करने पर मजबूर कर देती है। इसलिए एक तरह से देखें तो चिंता लाभदायक सिद्ध हुई। परंतु जब यही चिंता जरूरत से ज्यादा व बेकाबू हो जाए तब यह दुश्चिंता बन मानसिक रोग का रूप धारण कर लेती है जिसे दुश्चिंता रोग के नाम से जाना जाता है। चिंता, संकट घुन की तरह शरीर को खा कर शरीर को जिंदा लाश-सा बना देती है, यह कथन दुश्चिंता रोग के लिए बिल्कुल उपयुक्त है। मनोचिकित्सक के पास आने वाले मरीजों में बहुत से दुश्चिंता रोग से पीड़ित होते हैं।

. . . .

एक व्यक्ति हरीश की कहानी जानिए : हरीश की उम्र 27 वर्ष है, वह एक प्राइवेट कंपनी में चार्टेड एकाउटेंट है। पिछले दो सालों से वह काफी परेशान है। उसकी कुछ परेशानियां हैं, जैसे चक्कर महसूस होना, घबराहट, हाथ-पैरों में पसीना व दिल की धड़कन का बढ़ना। वह कभी-कभी मुंह में सूखापन व पूरे शरीर में कंपकपी भी महसूस करता है। इसी कारण हरीश अपने एकाउंट्स के काम में ध्यान नहीं लगा पाता। ये परेशानियां पूरा दिन हरीश के साथ रहती हैं। यह जानकर कि कहीं उसको कोई दिल की बीमारी या खून की कमी तो नहीं है, वह अपने निजी डाक्टर से चेकअप कराता है, परंतु उसकी सभी जांचें सामान्य पाई जाती हैं। उसको कुछ विटामिन व एलप्रैक्स की गोलियां दे दी जाती हैं और डॉक्टर से यह सुनकर कि "ज्यादा टेंशन मत लिया करो" हरीश घर को वापिस हो लेता है। परंतु परेशानी वहीं की वहीं, जब तक एलप्रेक्स की गोली शरीर में रहती है तब तक आराम, बाद में फिर वही परेशानियां उभर कर उसके सामने आने लगती हैं। कुछ महीनों बाद हरीश को निजी डॉक्टर से सुझाव मिलता है कि वह किसी मनोचिकित्सक से मिले। मनोचिकित्सक से पूरी बातचीत करने पर पता चलता है कि दो साल पहले हरीश के पिता को दिल का गंभीर दौरा पड़ा था जिसके बाद हरीश बहुत सोच विचार करने लगा और धीरे-धीरे चिंताग्रस्त हो गया। हरीश ने यह भी बताया कि उसे हर समय अपने माता-पिता के खोने का डर लगा रहता है। और गहराई में जाने पर ज्ञात हुआ कि हरीश को इस प्रकार के ख्याल भी आने लगे थे जैसे 'उसकी पत्नी उसको छोड़ देगी या फिर

वह अच्छा पिता साबित नहीं हो पाएगा' इत्यादि। पिछले दो सालों से हरीश ने दूसरों के यहां आना-जाना भी कम कर दिया था। अच्छा पढ़ा-लिखा व बुद्धिमान होने के बावजूद वह ज्यादातर कार्यों में असफल हो रहा था। हरीश हमेशा अपने लक्षणों को छुपाने की कोशिश करता रहता था ताकि कोई उसे कमजोर दिल का न समझ ले। हरीश का कुछ खास दवाओं एवं मनोवैज्ञानिक विधियों द्वारा उपचार किया गया जिससे वह चिंतामुक्त जीवन जीने लगा। उसे लगातार कई महीनों तक इलाज की जरूरत पड़ती रही। इलाज के बाद हरीश एक कामयाब व्यक्ति साबित हुआ।

. . . .

लक्षण :

दुश्चिंता का रोग पुरुषों व स्त्रियों दोनों में पाया जाता है परंतु पुरुषों की अपेक्षा औरतों में यह रोग ज्यादा देखने में आया है। यह रोग किसी भी उम्र में हो सकता हैं। आमतौर पर 20 वर्ष से अधिक उम्र के लोग मनोचिकित्सक के पास इस समस्या के साथ आते हैं। इस रोग से जूझ रहे व्यक्तियों में निम्नलिखित लक्षण पाए जाते हैं :

- बेचैनी व तनाव अनुभव करना, घबराए हुए रहना, कंपकंपी छूटना, धड़कन का बढ़ना।
- जल्दी थक जाना, चिड़चिड़ापन व हाथ पैर ठंडे रहना।
- मांसपेशियों में खिंचाव, सिर दर्द।
- मुंह में सूखापन, ज्यादा पसीना आना, सांस की गति बढ़ना, बार-बार मितलाई (मिचली) लगना, पतला शौच व बार-बार पेशाब आना।
- नींद आने में कठिनाई, डरावने सपने, जरा से शोर से ही नींद का बार-बार खुलना।
- आराम से एक जगह टिक कर न बैठ पाना।
- गलत विचार दिमाग में आना जैसे – कोई नुकसान हो जाएगा, परिवार का कोई सदस्य बीमार हो जाएगा या फिर भयानक दुर्घटना घट जाएगी आदि।
- नकारात्मक सोच पैदा होना जैसे, उदाहरण के लिए एक मां का अपने बेटे के स्वास्थ्य के बारे में लगातार चिंता करना कि कहीं उसे चोट न लग जाए या बीमार न हो जाए, जबकि वह आराम से स्कूल में पढ़

रहा होता है। पति को खांसी, हलका बुखार या मामूली जुकाम होने पर पत्नी को यह लगना कि कहीं वह गंभीर बीमारी टाइफाइड या कैंसर का शिकार तो नहीं है, भी दुश्चिंता का ही एक लक्षण है।

- थोड़ी-सी आवाज जैसे टेलीफोन या दरवाजे की घंटी बजने पर हर बार चौंक जाना।
- अखबार में दुर्घटना से सम्बधिंत घटनाओं को पढ़कर दिमाग पर गहरा नकारात्मक असर महसूस करना।
- दिमाग में लगातार नकारात्मक विचारों के आने के कारण मानसिक थकान का अनुभव करना।
- व्यवहार में अधीरता का आना जैसे बैठे-बैठे हाथ मलना, कमरे में इधर-उधर परेशान हुए घूमना।

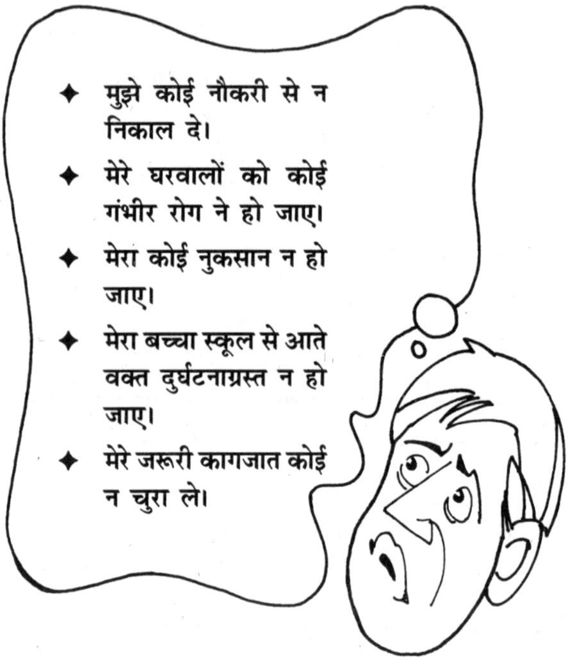

दुश्चिंता रोग में आते नकारात्मक विचार

- रात में डरावने व उल्टे-सीधे सपनों का आना।
- बदहजमी व यौन संबंधी समस्याओं का पैदा होना।

- कुछ लोग इस रोग में ऐसा भी अनुभव करते हैं जैसे पेट में कोई चीज मथी जा रही हो।

दिए गए सभी लक्षण जरूरी नहीं, एक ही व्यक्ति में मौजूद हों। इस रोग से ग्रस्त हर व्यक्ति के लक्षण दूसरे से भिन्न हो सकते हैं।

> रोगी को चिंता का अनुभव शारीरिक व मानसिक दोनों रूपों में होता है। कई बार इस रोग में मानसिक की जगह शारीरिक लक्षण ज्यादा उभर कर सामने आते हैं जैसे कमजोरी, पेट व छाती में दर्द, जोड़ों में दर्द आदि जिसके कारण रोग से ग्रस्त व्यक्ति अपने आप को शारीरिक रोगी समझने लगता है। इसी सोच के कारण वह सालों तक भ्रम में रहता है और उचित इलाज नहीं करा पाता।

रोग के कारण (आखिर कैसे पैदा होता है चिंता का रोग?)

1. जैविक कारण :

दिमाग में मौजूद सैरोटोनिन, नोरएपिनेफरीन आदि रसायनों में आया असंतुलन इस रोग का कारण माना गया है।

2. आनुवांशिक कारण :

इस रोग से पीड़ित व्यक्तियों के सगे-संबंधियों में शरीर का तंत्रिका तंत्र ज्यादा संवेदनशील पाया जाता है। इसी कारण उनमें इस रोग के होने की संभावना आम लोगों की तुलना में थोड़ी बढ़ जाती है।

3. मनोवैज्ञानिक कारण :

- चेतन व अवचेतन मन में हो रहा मानसिक द्वंद इस रोग का कारण बन सकता है।
- बचपन में लगा मानसिक आघात बाद में इस रोग को जन्म दे सकता है।
- जब व्यक्ति अपनी हीनता की भावना पर काबू प्राप्त करना चाहे, परंतु सफल न हो पाए तब भी यह रोग पनप सकता है।
- जीवन के विभिन्न क्षेत्रों जैसे व्यवसाय, परिवार, सामाजिक, धार्मिक व नैतिक विषयों में पैदा हुआ संघर्ष रोग का कारण बन सकता है।

- कुछ व्यक्ति जो त्रुटिपूर्ण ढंग से केवल नकारात्मक पहलुओं पर ध्यान देते हैं और अपनी क्षमता का मूल्यांकन कम आंकते हैं अकसर चिंता ग्रस्त हो जाते हैं।
- कुछ विशेष व्यक्तित्व वाले लोग उदाहरण के लिए अंतर्मुखी व्यक्ति इस समस्या के ज्यादा शिकार होते देखे गए हैं।
- हर व्यक्ति स्वतंत्र इच्छा लिए पैदा होता है परंतु इसके इस्तेमाल के लिए विशेष साहस की जरूरत पड़ती है। जो लोग इस चुनौती में फेल हो जाते हैं वो अकसर दुश्चिंता का शिकार हो जाते हैं।

> दुश्चिंता रोग जैसे लक्षण अन्य शारीरिक बीमारियों जैसे थायराइड की समस्या, एनीमिया आदि में भी पैदा हो सकते हैं। इसलिए रोग की जड़ तक पहुंचने के लिए कई बार रोगी की विशेष जांच-पड़ताल भी करवानी पड़ सकती है।

बड़ी-बड़ी हस्तियां जैसे मशहूर नोवलिस्ट बर्नाड शॉ, फ्रांस का भाग्य विधाता डीगॉल, अमेरिका का सबसे अमीर व्यक्ति जोन डी. रौकफेलर, आस्ट्रेलिया का मशहूर संगीतकार डेनियल जॉन आदि भी दुश्चिंता का शिकार हुए थे। परंतु इन्होंने इस समस्या पर काबू पा अपना जीवन सफल बनाया।

(रोग के उपचार संबंधी जानकारी हेतु पढ़े पेज नं.-165)

पूरी बौद्धिक क्षमता (Intelligence) होने के बावजूद कई बार इंसान जिंदगी में सफल नहीं हो पाता। इसके पीछे मुख्य कारण मन से जुड़ी समस्याएं ही हैं।

क्या है पैनिक अटैक?

घबराहट के दौरों की समस्या

गुप्ता जी, उम्र करीब 53 वर्ष, एक स्कूल टीचर हैं। जिंदगी के आम संघर्ष से वो भी जूझ रहे हैं। बेटा अभी बेरोजगार है और बेटी के रिश्ते की बात कभी बनती है, कभी बिगड़ जाती है। पिछले कुछ समय से गुप्ता जी इन सब स्थितियों के चलते एक मानसिक दबाव महसूस करने लगे हैं।

पैनिक अटैक

एक दिन जैसे ही वो नाश्ता करने टेबल पर बैठे, एक अजीब-सी बेचैनी महसूस करने लगे। देखते ही देखते बेचैनी घबराहट में बदल गई। हाथ-पैर कांपने लगे, दिल जोर-जोर से धड़कने लगा। उनको लगा जैसे दम घुट रहा है और वो जल्दी से खुली हवा के लिए बाहर निकल गए हैं। एकाएक उनको एहसास होता है कि बस अब कुछ गलत होने वाला है और वो चिल्ला उठते हैं– 'बस मै अब गया,' 'मेरा दिल बाहर निकलने वाला है'! यह घटनाक्रम कम-से-कम 20-25 मिनट रहा और स्थिति धीरे-धीरे सामान्य हो गई । परंतु एक अजीब सा अनुभव उनके मन में हमेशा के लिए रह जाता है। हृदय-चिकित्सक द्वारा की गई जांचों में सब कुछ सामान्य पाया गया और उनको मनोचिकित्सक से परामर्श करने की सलाह दी गई। बातचीत पर पता चला कि इससे पहले भी गुप्ता जी घबराहट के ऐसे दौरों का सामना कर चुके थे। उनकी इस समस्या की 'पैनिक अटैक' नामक मानसिक तकलीफ पाई गई। सही ढंग से इलाज करने पर गुप्ता जी को दोबारा घबराहट के अटैक नहीं आए।

क्या है पैनिक अटैक (Panic Attack)

यह एक चिंता रोग का ही रूप है जो कि आमतौर पर 20 वर्ष की उम्र के बाद स्त्री व पुरुषों दोनों में देखने को मिलता है। कई कारणों के अलावा मानसिक तनाव इस रोग का एक मुख्य कारण पाया गया है।

लक्षण

यह रोग अचानक पैदा हुए जबरदस्त घबराहट के अटैक के रूप में होता है जिसमें निम्नलिखित लक्षण पाए जाते हैं :

- दिल का जोर-जोर से धड़कना, हाथ पैर का कांपना या सुन्न हो जाना।
- दम घुटने का एहसास होना। सांस लेने में तकलीफ का होना।
- ऐसा महसूस होना जैसे अभी दिल बाहर निकल जाएगा या दिल का दौरा पड़ रहा हो।
- मुंह में सूखापन व प्यास का लगना।
- अपने आसपास का वातावरण अजीब-सा लगना तथा अपने पर नियंत्रण खो देने जैसा महसूस करना।
- छाती व पेट में खिंचाव का महसूस होना।
- कई बार घबराहट के अटैक गहरी नींद से उठा भी सकते हैं।

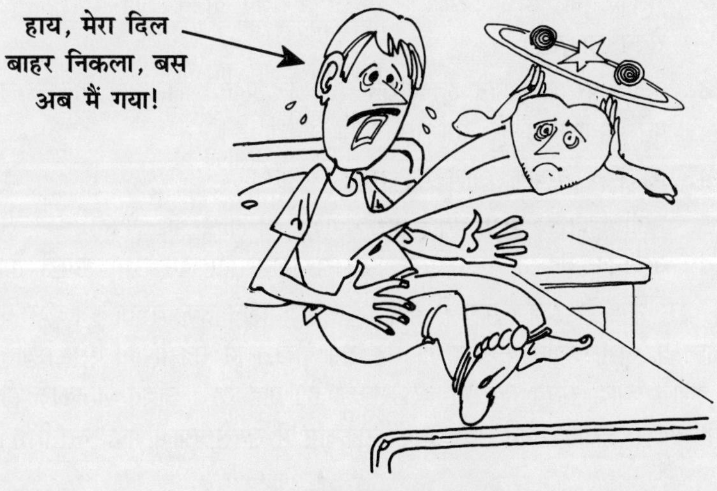

पैनिक अटैक का एक लक्षण

यह अटैक आमतौर पर 5 मिनट से 30 मिनट तक रहता है। कुछ व्यक्तियों में घंटों भी रह सकता है। एक बार इसके होने पर व्यक्ति के मन में इसके दोबारा होने का डर हमेशा बना रहता है ।

क्या करें

1. ऊपर दिए लक्षण अगर किसी व्यक्ति में हों तो उसे किसी योग्य मनोचिकित्सक से संपर्क करना चाहिए।
2. चिकित्सक को अपने सारे लक्षण व अन्य मानसिक परेशानियां खुलकर बताएं। बेहतर होगा अगर आप अपनी समस्याएं कहीं लिख लें ताकि बताने में आसानी रहे ।
3. रोग के लिए दो किस्म के इलाज संभव हैं। 1. दवाओं द्वारा, 2. व्यावहारिक चिकित्सा द्वारा। उचित होगा दोनों को एक साथ इस्तेमाल किया जाए।
4. रोग के विषय में ज्यादा से ज्यादा जानकारी प्राप्त करने की कोशिश करें ताकि रोग को समझने व इलाज में आसानी हो जाए।

क्या न करें

1. चिकित्सक से परामर्श से पहले कोई भी गलत धारणा अपने मन में ना बनाये जैसे 'दिल कमजोर हो गया, लगता है किसी ने कुछ करवा दिया है या खिला दिया है' आदि।
2. भूलकर भी घबराहट को दूर करने के लिए अपने आप दवाइयों का सेवन ना करें।
3. अटैक पर काबू पाने हेतु शराब व नशीले पदार्थों का सेवन बिल्कुल न करें, क्योंकि इससे रोग गंभीर हो सकता है।
4. कॉफी व तम्बाकू आदि का सेवन न करें।
5. मनोचिकित्सक द्वारा बताई गई दवाओं को कभी भी अपनी मर्जी से अचानक बंद न करें। ऐसा करने पर लक्षण एकदम उभर सकते हैं।

इस रोग का इलाज कम-से-कम 8 से 12 महीने तक चलता है। कुछ में इलाज की पूरी अवधि के बाद भी यह रोग दोबारा हो सकता है। ऐसी स्थिति में इलाज ज्यादा समय तक भी चल सकता है। याद रहे : उचित जानकारी ही हमें रोगों से बचाये रखने तथा उनकी रोकथाम में सबसे ज्यादा मदद करती है।

मानसिक थकान
(न्यूरसथीनिया-*Neurasthenia*)

जब थक जाता है मन, तब टूट जाता है तन

इंसान जीवन में आ रही छोटी-बड़ी बाधाओं या फिर आपसी संबधों में तनाव आदि को लेकर किसी-न-किसी समस्या से घिरा ही रहता है। लगातार चलती यह समस्याएं मानसिक-तनाव को जन्म देती हैं। यही मानसिक-तनाव आगे चलकर 'मानसिक थकान' नामक मनोरोग का कारण बनता है। मेडिकल की भाषा में इस समस्या को 'न्यूरसथीनिया' के नाम से जाना जाता है।

एक थका हुआ व्यक्ति

मानसिक थकान के लक्षण

शारीरिक लक्षण

- शरीर में थकावट
- बदहजमी, कब्ज़ या फिर दस्त
- शरीर में दर्द, मांसपेशियों में खिंचाव
- जोड़ों में दर्द
- सिरदर्द, चक्कर आना
- दिल का तेज धड़कना
- जरूरत से ज्यादा पसीना आना

- ऊर्जाविहीन महसूस होना
- मुंह में सूखापन
- कमर-दर्द
- बैठे-बैठे लंबी सांसें भरना

मानसिक लक्षण

- घबराहट
- ध्यान-शक्ति में कमी
- कमजोर याददाश्त
- यौन समस्याएं - जैसे यौन-इच्छा में कमी
- हाथों-पैरों में अजीब-सी हरकतें महसूस होना।
- नींद की कमी।
- नकारात्मक नजरिया
- चिड़चिड़ापन।
- दिमाग में भारीपन

> मानसिक थकान से ग्रस्त व्यक्तियों की यह समस्या लंबे समय तक पता नहीं चलती, क्योंकि रोगी की शारीरिक जांचों में सब कुछ सामान्य पाया जाता है। फैमिली डॉक्टर से अकसर यही राय मिलती है– "आपको कुछ नहीं है, सभी रिपोर्ट ठीक हैं, थोड़ा टेंशन कम रखा करो", परंतु ऐसा कहने से समस्या हल नहीं होती।

हर व्यक्ति में मानसिक थकान के अलग-अलग लक्षण हो सकते हैं। ये लक्षण अन्य शारीरिक व मानसिक रोगों में भी हो सकते हैं।

कारण

निम्नलिखित कारणों की वजह से लगातार बढ़ता मानसिक दबाव (तनाव), तेजी से लोगों को मानसिक थकान का शिकार बना रहा है–

- ❑ आगे निकलने की दौड़
- ❑ जटिल होता समाज
- ❑ परिवारों में आपसी कलह व विघटन

- अपने आप से जरूरत से ज्यादा आशाएं रखना व अपनी क्षमता से ज्यादा काम करना।
- बढ़ता पूंजीवाद व औद्योगिकीकरण।
- व्यक्ति पर बढ़ता आर्थिक, सामाजिक व पारिवारिक दबाव।

मानसिक थकान की समस्या के लक्षण कुछ-कुछ डिप्रेशन की बीमारी से मिलते हैं, परंतु मानसिक थकान से ग्रस्त व्यक्ति के मन में डिप्रेशन के रोगी की तरह उदासी पैदा नहीं होती। इसी लक्षण के आधार पर मनोचिकित्सक दोनों रोगों में अंतर करता है।

किसी भी कारण से बढ़ता मानसिक तनाव मानसिक थकान को जन्म दे सकता है।

बढ़ते मानसिक दबाव के चलते कुछ लोग तो अपने आपको परिस्थितियों के अनुसार ढाल पाने में सक्षम महसूस कर रहे हैं जिसके कारण वो कामयाब भी हो रहे हैं। परंतु कुछ लोग ऐसे भी हैं जो कि अपनी समस्याओं को सुलझाने

में असमर्थ हैं और तरह-तरह की मानसिक समस्याओं से ग्रस्त हो रहे हैं, जिनमें मानसिक थकान एक प्रमुख समस्या है। यहां पर एक बात और ध्यान देने वाली है अकसर लोग मानसिक तनाव व मानसिक थकान को एक ही चीज समझ लेते हैं। वास्तव में तनाव एक स्थिति है और थकान एक रोग।

कैसे पैदा होती है मानसिक थकान?

जरूरत से ज्यादा बढ़ता मानसिक तनाव, दिमाग की कोशिकाओं में न्यूरोट्रांसमीटर नामक रसायनों की कमी पैदा करने लगता है, जो कि आगे चलकर मानसिक थकान का कारण बनता है। इसके अलावा दूसरे हारमोन्स में आ रही गड़बड़ भी इसका एक कारण है।

> जिंदगी में मानसिक रूप से तंदुरुस्त रहने के लिये थोड़े मानसिक तनाव का बने रहना जरूरी है अन्यथा दिमाग बिना इस्तेमाल की गई मशीन की तरह जंग पकड़ने लगता है। मशीन को ठीक हालत में रखने के लिये उसे समय-समय पर चलाना जरूरी होता है। इसी प्रकार दिमाग को चुस्त-दुरुस्त रखने के लिए एक निश्चित सीमा तक मानसिक तनाव का होना जरूरी है। इस तनाव को लाभदायक या आवश्यक तनाव कहा जा सकता है। परंतु जब यही तनाव जरूरत से ज्यादा बढ़ने लगे या फिर अपनी सीमा लांघने लगे, तब मानसिक परेशानियां पैदा होनी शुरू हो जाती हैं।

(रोग के उपचार संबंधी जानकारी हेतु पढ़े पेज नं.-168)

मानसिक रोगी होना कोई अभिशाप नहीं है, बड़ी-बड़ी हस्तियां इन समस्याओं से ग्रस्त होने के बावजूद अपनी जिंदगी में बेहद कामयाब रहीं। एक रिसर्च में 300 महान व लोकप्रिय लोगों की जिंदगी पर अध्ययन किया गया। उस अध्ययन के अनुसार 17% नेता, 18% वैज्ञानिक, 26% विचारक, 37% पेंटर, 46% लेखक मानसिक समस्याओं से ग्रस्त पाए गए।

फोबिया (Phobia)

डरपोक होना भी मानसिक रोग है

''भय लगने की समस्या''

> फोबिया से ग्रस्त व्यक्ति को यह पता रहता है कि उसका डर बेमाने है और सही नहीं है, परन्तु वह फिर भी उस पर काबू नहीं रख पाता। भय की बीमारी औरतों में ज्यादा पाई गई है। आमतौर पर यह समस्या 20 से 30 वर्ष के बीच में पैदा होती है। कई बार यह समस्या अपने आप समाप्त भी हो जाती है, परंतु बिना इलाज की स्थिति में यह लंबे समय तक व्यक्ति को परेशान किए रखती है।

मन में डर या भय का होना मनुष्य की कई सामान्य भावनाओं में से एक भावना है। भय हर इंसान के मन में है। व्यक्ति चाहे कितना भी निडर क्यों न हो खतरनाक परिस्थिति में भयभीत हो ही जाता है। हवाई जहाज में बैठा एक ताकतवर इंसान भी कोई तकनीकी गडबड़ की सूचना सुनकर एक बार को बेहद डर जाता है। एक व्यक्ति जो कि बहुत अच्छा तैराक है, बहुत उंची झाल (लहर) मारने वाली नदी से डरता है और उससे दूर जाने की कोशिश करता है। छोटा बच्चा घोर अंधेरे से डरता है। ये सभी घटनाएं सामान्य हैं, परंतु जब एक व्यक्ति जीवन की छोटी-मोटी आम परिस्थितियों जैसे- जानवर, भीड़, ऊंचाई, अपरिचित लोगों, नए वातावरण आदि का सामना (जिनसे आम आदमी ज्यादा भयभीत नहीं होता) करते हुए जरूरत से ज्यादा डरने लगता है, तब हो सकता है वह 'फोबिया' नामक रोग से ग्रस्त हो। फोबिया शब्द 'फोबोस' नामक ग्रीक देवता से बना है जो कि अपने शत्रुओं से बहुत डरता था। 6-10 प्रतिशत लोग किसी-न-किसी भय के रोग (फोबिया) से ग्रस्त हैं। परंतु जानकारी की कमी

के कारण बहुत कम व्यक्ति ही इसका इलाज करा पाते हैं। फोबिया नामक यह रोग कई रूपों में प्रकट हो सकता है।

6-10% लोग किसी न किसी भय के रोग से ग्रस्त हैं।

फोबिया के प्रकार (अलग-अलग किस्म के डर)

सामाजिक फोबिया (Social Phobia) : हरदीप, उम्र 25 वर्ष, एक कंप्यूटर कंपनी में सॉफ्टवेयर इंजीनियर है। उसका काम ज्यादातर कंप्यूटर में आई कमियों को दूर करने का है। एक दिन वह कई सालों से चली आ रही समस्या का समाधान पाने के लिए एक मनोचिकित्सक से सम्पर्क करता है और बतलाता है "डॉक्टर साहब, मैं कई सालों से बड़ा नर्वस महसूस कर रहा हूं और आम आदमी की तरह नहीं जी पा रहा हूं"। पूरी बातचीत करने पर पता चलता है कि हरदीप दूसरे व्यक्तियों से बातचीत करते या उनसे कोई लेन-देन करते समय काफी संकोच व घबराहट महसूस करता है। उसे लगता है कि कहीं लोगों के बीच वो कोई ऐसी हरकत न कर बैठे जिसकी वजह से लोग उसका मजाक बनाने लगें। वह हमेशा अपने व्यक्तित्व में कोई-न-कोई कमी व संदेह सा महसूस करता है। कई बार तो दूसरे व्यक्ति से बात करते समय उसके मुख

से पूरा वाक्य भी निकल नहीं पाता और वह जल्द से जल्द बातचीत को खत्म कर दूसरों से अलग रहने की कोशिश में लगा रहता है। एक बार उसे अपने दोस्त की शादी में जाना पड़ा, जहां उसकी हालत बेहद खराब हो गई। अनजान लोगों का सामना करते वक्त उसे कंपकंपी छूटने लगी, चेहरा लाल हो गया और दिलो-दिमाग में अजीब-अजीब सी हरकतें महसूस होने लगीं। कुछ ही देर में उसकी पूरी शर्ट पसीने से भीग गई। इससे पहले और हालत बिगड़ती, हरदीप वहां से भाग आया। इसके बाद उसने पार्टी, विवाह व अन्य सामाजिक कार्यक्रमों में जाना बंद कर दिया। उसने नौकरी भी उस प्रकार की करनी पसंद की जिसमें लोगों या ग्राहकों से सीधी बातचीत (पब्लिक डीलिंग) न करनी पड़े। धीरे-धीरे हालात इतने बिगड़ गए कि उसने उन जगहों पर भी जाना छोड़ दिया, जहां कुछ लोग एक साथ इकट्ठें खड़े हों। हरदीप के दो काफी अच्छे दोस्त हैं जिनसे वह बेझिझक अपनी समस्याएं बता पाता है। परंतु दूसरों के सामने वह उन दोस्तों से भी अच्छी तरह बातचीत नहीं कर पाता। उसके एक दोस्त ने ही हरदीप को मनोचिकित्सक से मिलने का सुझाव दिया था।''

. . . .

हरदीप कुछ और नहीं बल्कि भय की एक समस्या, जिसे सामाजिक फोबिया कहते हैं से ग्रस्त है, जो कि उसके व्यक्तित्व को लगातार खोखला बनाए जा रही है।

सामाजिक फोबिया से ग्रस्त व्यक्ति

सामाजिक सभाओं, बैठकों, लोगों के समूहों व दूसरी ऐसी परिस्थितियों में जाने का डर सामाजिक फोबिया कहलाता है। ऐसी परिस्थितियों का सामना करने पर व्यक्ति को इस बात की चिंता हो जाती है कि कहीं दूसरे लोग उसे कमजोर, बेवकूफ, घटिया आदि न समझ लें। इस फोबिया से ग्रस्त व्यक्ति को यह बहम रहता है कि ऐसी स्थितियों में सभी लोगों की नजरें उसके व्यवहार, पहनावे तथा छोटी-छोटी हरकतों पर टिकी रहेंगी और सभी उसमें कमियां ढूंढ़ने की कोशिश करेंगे। इस समस्या की शुरुआत ज्यादातर किशोरावस्था में उभर कर सामने आती है।

> साहित्य के क्षेत्र में सन् 2004 के लिए आस्ट्रिया की नारीवादी लेखिका अल्फ्रीडे जेलनिक को नोबल पुरस्कार से नवाजा गया, परंतु उसने समारोह में आने से मना कर दिया क्योंकि वह भीड़ से बहुत घबराती थीं। वास्तव में वह सामाजिक फोबिया का शिकार थीं। अगले दिन यह खबर अखबारों के पहले पन्नों पर छप गई। आप अकेले इस रोग से परेशान नहीं हैं बल्कि बड़े-बड़े लोग इसकी चपेट में रह चुके हैं।

सामाजिक फोबिया के मुख्य लक्षण :

- ❑ दूसरे लोगों, सभाओं, सामाजिक कार्यक्रमों, विवाह-शादी, पार्टियों आदि में जाने से कतराना।
- ❑ ऐसी परिस्थितियों का सामना करने पर बेचैनी, तेज धड़कन, सांस फूलना व दिमाग में अजीब-सी हलचल महसूस करना।
- ❑ परेशान कर देने वाली इन स्थितियों से दूर चले जाने पर लक्षणों का अपने आप कम हो जाना।
- ❑ औरों से आंखों में आंखें डालकर बातचीत न कर पाना।
- ❑ दूसरों से बातचीत करते समय घबरा जाना तथा आत्मविश्वास में कमी महसूस करना।
- ❑ दूसरों के सामने कुछ विशेष कार्य करने जैसे– खाने-पीने, लिखने आदि में दिक्कत महसूस करना।
- ❑ औरों से बातचीत करते समय आवाज तथा हाथ-पैर में कंपन पैदा होना।
- ❑ स्टेज या मंच पर जाकर दर्शकों का सामना न कर पाना।
- ❑ इन सभी समस्याओं के कारण व्यक्ति की जीवनशैली का सीमित होने लगना।

इस समस्या से ग्रस्त, अलग-अलग व्यक्ति में ऊपर दिए गए लक्षणों की गंभीरता कम व ज्यादा हो सकती है। वह लोग जिनको बार-बार दूसरों के सम्मुख आना पड़ता है जैसे- अध्यापक, कलाकार, गायक आदि, उनमें इस समस्या के होने की संभावना थोड़ी ज्यादा होती है।

एगोरोफोबिया (Agorophobia) : इस रोग से व्यक्ति उस परिस्थिति से डरता है जहां से एकदम बाहर निकलना मुश्किल होता है। उदाहरण के लिए- भीड़, बस, ट्रेन, लिफ्ट आदि में फंसने का डर। व्यक्ति को ऐसे स्थानों पर बेहद डर लगता है और वह इन जगहों पर जाना बंद कर देता है। अगर उसको गलती से भी ऐसी स्थिति का सामना करना पड़ जाए तो वह बहुत ज्यादा घबराया हुआ व असहाय महसूस करने लगता है। स्थिति गंभीर होने पर व्यक्ति में सांस तेज गति से चलना, हाथ पैर फूलना, कम्पन पैदा होना, पसीना आना, धड़कन का बढ़ना, पेट में दर्द, मुंह में सूखापन आना आदि जैसे लक्षण भी पैदा हो जाते हैं। कई बार व्यक्ति को ऐसा भी लगने लगता है, जैसे अभी जान निकल जाएगी। भयभीत कर देने वाली परिस्थितियों से दूर जाने पर व्यक्ति अपने आप सामान्य होने लगता है। कुछ लोग तो डर के मारे बेहोश भी होते देखे गए हैं। आदमी की अपेक्षा यह रोग औरतों में ज्यादा पाया गया है। रोगी अगर किसी अपने के साथ ऐसी परिस्थितियों में मौजूद हो तो उसका भय थोड़ा कम हो जाता है।

विशिष्ट फोबिया (Specific Phobia) : यह फोबिया इतना गंभीर नहीं माना जाता, क्योंकि इसमें व्यक्ति की रोजमर्रा की जिंदगी में ज्यादा समस्याएं नहीं आतीं। किसी खास चीज या स्थिति से डर विशिष्ट फोबिया कहलाती है। उदाहरण के लिए काक्रोच, बिल्ली, छिपकली, नदी, तेज रोशनी, शोर, ब्लड (खून), ऊंची इमारतों आदि से लगने वाला जरूरत से ज्यादा डर इसी के श्रेणी में आता है।

कैसे पैदा होती है भय की समस्या

आनुवंशिक कारण :

कुछ व्यक्तियों में अपने माता-पिता से इस बीमारी के जींस आ जाते हैं जो की नकारात्मक माहौल मिलने पर भय की समस्या को जन्म दे सकते हैं। इस रोग से जूझ रहे व्यक्तियों के सगे रिश्तेदारों में भय की समस्या होने की संभावना आम लोगों की तुलना में बढ़ जाती है।

विशिष्ट फोबिया

मानसिक कारण :

व्यक्ति का मन चिन्ताओं से मुक्त होने के लिए उनको अवचेतन मन (Unconscious Mind) में डालता रहता है ताकि वह अपनी चिंताओं को भुलाकर शांत महसूस कर सके। हर व्यक्ति अपनी चिन्ताओं को अपने अवचेतन मन में बिना कोई कोशिश किए डालता रहता है और शांत महसूस करता है। परंतु कई बार मन अपनी चिंताओं को दबाने में नाकामयाब रहता है और भय की समस्या से ग्रस्त हो जाता है। कुछ मनोवैज्ञानिक मानते हैं कि भयभीत होना इंसान अपने माहौल से सीखता है उदाहरण के लिए यदि एक बच्चे को सजा के तौर पर, एक अंधेरे कमरे में लंबे समय तक बंद कर दिया जाए तो वह बड़ा होकर फोबिया का शिकार हो सकता है। बचपन में लगा मानसिक आघात, मंाता-पिता से दूरी भी इस समस्या का कारण बन सकती है। सहमी व भयभीत रहने वाली महिलाएं अक्सर घर का माहौल ऐसा बना देती हैं कि जिसके कारण उनके बच्चों के डरपोक होने की संभावना बढ़ जाती है। जो बच्चे बचपन में अपनी मां से थोड़े समय के लिए दूर होने पर भी जरूरत से ज्यादा घबरा जाते हैं, आगे चलकर फोबिया का शिकार हो सकते हैं।

कुछ महान व कामयाब हस्तियां जो अपने जीवन में इस रोग का शिकार हुईं :

- **बारबरा स्ट्रीसेंड (Barbara Streisand) :** मशहूर गायिका व निर्देशिका जो कि सामाजिक फोबिया से ग्रस्त होने के कारण लगातार 27 साल तक मंच पर आकर बोलने तक की हिम्मत न जुटा पाई।
- **डोनी आसमोंड (Donny Osmond) :** संगीतकार
- **सर लॉरेंस ऑलीवर (Sir Laurence Oliver) :** नायक व निर्देशक।
- **शुशी ओ नील (Susie O Niell) :** कॉमन वैल्थ खेलों में स्वर्ण पदक से सम्मानित तैराक।
- **किम बसिंगर (Kim Basinger) :** ऑस्कर पुरस्कार से सम्मानित नायिका।

(रोग के उपचार संबंधी जानकारी हेतु पढ़े पेज नं.-171)

नींद आती नहीं, तो क्यों नहीं आती? ज्यादा आती है, तो क्यों आती है?

नींद से जुड़ी समस्याएं

. . . .

प्रेम सिंह, उम्र 50 वर्ष पिछली कई रातों से एक अच्छी नींद के लिए तरस रहे हैं। उनकी समस्या है कि वो जब भी सोने जाते हैं तो उन्हें नींद नहीं आती और वह घंटों बिस्तर पर करवटें बदलते रहते हैं। अगर कभी गलती से नींद आ भी जाए तो वह जल्दी ही टूट जाती है। इस समस्या के चलते प्रेम सिंह अपनी जिंदगी से बहुत परेशान हो चुके हैं। नींद की गोलियां खाईं तो कुछ आराम मिला, परंतु किसी ने डरा दिया कि इन गोलियों की आदत पड़ सकती है और अब वो गोलियों का इस्तेमाल भी नहीं करते। कई किस्म के टोने-टोटके इस्तेमाल कर चुके हैं, परंतु नींद है कि आती ही नहीं।

. . . .

इंसान अपनी जिंदगी का तीसरा हिस्सा सोने में व्यतीत करता है। हर रोज रात को बिस्तर पर जाकर व्यक्ति सोने की प्रक्रिया आरंभ करता है ताकि वह अपने दिमाग व शरीर की उर्जा को बचा सके और दोनों को आराम का मौका दे सके। एक अच्छी नींद व्यक्ति को मानसिक व शारीरिक तौर पर तरोताजा रखती है। इसके अलावा याददाश्त व दिमाग के अन्य क्रियाकलापों को सुचारु रूप से चलाये रखने के लिए पर्याप्त नींद बहुत जरूरी है।

अच्छी व पर्याप्त नींद के फायदे :

- बीमारी से लड़ने की शारीरिक क्षमता में बढ़ोतरी।
- शारीरिक विकास के लिए जरूरी हारमोंस का सही रूप में निर्माण नींद में ही होता है।

- ❑ दिमाग की कोशिकाओं का उचित विकास।
- ❑ मानसिक पीड़ा में कमी।

एक व्यक्ति दिन में कितने घंटे सोता है, यह कई बातों पर निर्भर करता है। नींद के आधार पर वैज्ञानिकों ने इंसान के तीन मुख्य प्रकार बताए हैं :

कम नींद लेने वाले : इस प्रकार के व्यक्तियों को हर रोज आमतौर पर 6 घंटे या इससे कम सोने की जरूरत पड़ती है। कम नींद लेने पर भी उन्हें किसी प्रकार की कोई परेशानी नहीं आती और मानसिक व शारीरिक तौर पर वो बिल्कुल ठीक रहते हैं। मनोवैज्ञानिकों के अनुसार कम नींद लेने वाले इंसान महत्त्वाकांक्षी, मिलनसार व ज्यादा काम करने वाले होते हैं।

ज्यादा नींद लेने वाले : इस प्रकार के व्यक्ति हर रात 9 घंटे या इससे ज्यादा सोना पंसद करते हैं। ज्यादा सोने पर भी उनके दैनिक क्रिया-कलापों में कोई बुरा प्रभाव नहीं पड़ता। ज्यादा नींद लेने वाले व्यक्ति आमतौर पर थोड़े मायूस व चिंतित किस्म के होते हैं। सामाजिक तौर पर वो इतने मिलनसार नहीं होते।

7-8 घंटे सोने वाले : ज्यादातर लोग इस श्रेणी में आते हैं और इनमें दोनों प्रकार के गुण मिल सकते हैं।

क्या हो अगर किसी को लगातार कई दिन तक सोने न दिया जाए

नींद न ले पाने के कारण व्यक्ति चिड़चिड़ेपन या उत्तेजना का शिकार हो सकता है। उसकी ध्यान-शक्ति कमजोर पड़ने लगती है। 4-5 दिन लगातार न सोने पर नींद के छोटे-छोटे झटके, भ्रम व कोई भी काम न करने की प्रवृत्ति पैदा होने लगती है। कुछ लोगों को कानों में आवाजें आने लगती हैं और वो पागलपन का शिकार भी हो सकते हैं। एक खास किस्म के मानसिक रोग से पीड़ित व्यक्ति (जिसे बाइपोलर मूड डिसआर्डर के नाम से जाना जाता है) पर्याप्त नींद न ले पाने के कारण मेनिया (मानसिक उन्माद) का शिकार होते देखे गए हैं।

क्या है नींद न आने की समस्या ?

नींद न आने का दर्द केवल वो ही समझ सकता है जो इस समस्या से जूझ रहा है या जूझ चुका है। इस समस्या को मेडिकल भाषा में "इनसोमनिया" के नाम से जाना जाता है। लगभग हर चौथा व्यक्ति इसका शिकार है।

नींद से जुड़ी समस्या नीचे दिए गए रूपों में मौजूद हो सकती है :

- **नींद की शुरुआत में परेशानी :** इसमें मुख्य लक्षण हैं सोने की बहुत कोशिश करना, करवट बदलना, उठकर बैठ जाना, बाहर टहलने जाना, दोबारा फिर से सोने की कोशिश करना, परंतु नाकाम रहना। दुश्चिंता रोग से ग्रस्त व्यक्ति आमतौर पर इसी प्रकार की समस्या का शिकार बनते हैं।
- **नींद का बीच-बीच में टूटना :** एक बार तो नींद आ जाती है, परंतु उसके बाद बार-बार नींद टूटती रहती है और व्यक्ति काफी परेशानी महसूस करता है। यह समस्या डिप्रेशन व चिंता रोग की गंभीर अवस्था में पैदा होती देखी गई है।
- **नींद का सुबह जल्दी खुल जाना :** कुछ लोगों को नींद के आने तथा उसको कायम रखने में कोई विशेष परेशानी नहीं आती, परंतु उनकी नींद सुबह के समय बहुत जल्दी खुल जाती है। उसकी वजह से व्यक्ति बेचैनी महसूस करने लगता है और दोबारा सो नहीं पाता । यह समस्या डिप्रेशन में पैदा होती देखी गई है।
- कुछ लोगों को नींद न आने का केवल वहम होता है, जब कि वो अच्छी नींद ले रहे होते हैं। इसके कारण कोई विशेष समस्या न होते हुए भी वो परेशान रहने लगते हैं।

- कुछ लोगों को पूरी नींद लेने के बाद, सुबह उठने पर ऐसा लगता है मानों उनको अच्छी नींद नहीं आई और इसी कारण वो तरोताज़ा महसूस नहीं कर पाते। ऐसा अकसर मानसिक तनाव से जूझ रहे लोगों में होता है।
- कम नींद की समस्या से जूझ रहे व्यक्तियों में इस प्रकार की समस्या भी पैदा हो सकती है जैसे– दिन में सोया-सोया महसूस करना, ध्यान शक्ति में कमी, सिर-दर्द, भूख न लगना, थकान, चिड़चिड़ापन आदि।

कुछ मानसिक व शारीरिक रोगों में व्यक्ति को जरूरत से ज्यादा नींद आने लगती है। उसे जहां भी मौका मिलता है वह वहीं सोने लगता है। मेडिकल भाषा में इसे 'हाइपरसोमनिया' भी कहा जाता है। नारकोलैप्सी (Narcolepsy) नामक रोग में नींद एक अटैक के रूप में आती है और दिलो-दिमाग पर बुरी तरह छा जाती है। इस रोग से पीड़ित इंसान जहां भी होता है, वहीं सो जाता है और अपने आपको ऐसा करने से रोक नहीं पाता।

- नींद से जुड़ी अन्य समस्याओं में प्रमुख हैं नींद में उठकर चलना, डरावने सपने आकर नींद का अचानक टूट जाना (Night Terror), नींद में बोलना, दांत किटकिटाना, नींद में पेशाब निकल जाना आदि।

नींद में जाते वक्त या नींद से उठते वक्त कई बार ऐसा लगता है जैसे कोई आवाज दे रहा हो या कोई आपके आस-पास खड़ा हो। यह कोई बीमारी का लक्षण नहीं बल्कि सामान्य घटना है।

- कई बार नींद के लिए व्यक्ति जैसे ही बिस्तर पर लेटता है, वह अपनी टांगों में एक अजीब सी हरकत महसूस करने लगता है। उस दौरान उसको टांगों को हिलाने की तीव्र इच्छा पैदा होती रहती है जिसके कारण वह ठीक ढंग से सो नहीं पाता। इस समस्या को (Restless Leg Syndrome) के नाम से भी जाना जाता है।

कारण

नींद न आने के कारणों को दो भागों में बांटा जा सकता है :

1. किसी मानसिक या शारीरिक बीमारी के कारण :

इनमें प्रमुख हैं मेनिया, डिप्रेशन, चिंता रोग, सिक्जोफ्रेनिया मानसिक तनाव, हृदय रोग, श्वसन रोग, शारीरिक पीड़ा जैसे पीठ दर्द, नशाखोरी आदि।

2. इडियोपैथिक (Idiopathic) :

इनमें नींद से जुड़ी वो समस्याएं हैं, जिनका कोई भी कारण पता नहीं चलता। नींद की समस्या खुद में ही एक रोग के रूप में सामने आती है।

कई बार अलग कमरे या सोने के स्थान में फेर-बदल, शिफ्ट ड्यूटी आदि भी नींद न आने का कारण बन जाते हैं, परंतु यह समस्या आमतौर पर लंबे समय तक नहीं रहती।

जरूरत से ज्यादा नींद के कारण

नशाखोरी, असाधारण डिप्रेशन, थायराइड की समस्या, नारकोलेप्सी, सिर की गंभीर चोट, स्लीप एपनिया (नींद में सांस की रुकावट), दिमाग में संक्रमण आदि अवस्थाओं में ज्यादा नींद आने की समस्या पैदा हो सकती है।

> नींद की बीमारी घातक नहीं है, परंतु ये आपके जीवन, कार्यक्षमता व व्यवहार पर काफी बुरा असर डालती है।

(रोग के उपचार संबंधी जानकारी हेतु पढ़े पेज नं.-173)

मनोचिकित्सक मनोरोग से ग्रस्त व्यक्ति की समस्याओं को गुप्त रखता है। बिना रोगी की मर्जी के उससे जुड़ी बातें किसी को भी बताई नहीं जातीं।

"शक्की मिजाज" एक मानसिक रोग

शक्की मिजाज आखिर है क्या?

"शक करना" एक ऐसी मनोदशा है जिससे हर इंसान कभी न कभी गुजरता है। घर में कोई कीमती वस्तु जैसे घड़ी, गोल्ड का सामान, पर्स आदि के न मिलने पर सबसे पहले दिमाग में शक की सुई दौड़ने लगती है और आस-पास के लोगों की ओर इशारा करने लगती हैं ("हो सकता है इसने उठा लिया हो, क्या पता उसने उठा लिया हो")। हालांकि कुछ दिनों बाद वो खोई वस्तुएं घर के किसी कोने में सुरक्षित मिल जाती है। देखा जाए तो आम इंसान की सोच में "शक करना" एक सामान्य घटना है।

परंतु कुछ व्यक्तियों में इस प्रकार से सोचने का तरीका हावी होने लगता है और उसके मन में शक की भावना घर कर जाती है। ऐसे लोग "शक्की, बहमी, आदि" के नाम से भी पहचाने जाने लगते हैं।

शक्की मिजाज से ग्रस्त व्यक्ति

जरूरत से ज्यादा शक की भावना से ग्रस्त व्यक्ति के लक्षण

- दूसरों के काम करने व बात करने के तरीकों पर बेवजह शक करना।
- ऐसा महसूस करना जैसे जो भी काम दूसरे लोग (सह कर्मचारी, मित्र, बच्चे, पत्नी, रिश्तेदार आदि) कर रहे हैं वो व्यक्ति को नुकसान या अपमानित करने के लिए कर रहे हैं।
- बेमतलब शक की वजह से लोगों से झगड़ा कर लेना व आपसी संबंध खराब कर लेना।
- अपने पति या पत्नी के चरित्र पर बेवजह शक करना व अपने शक को पक्का करने के लिए उस पर लगातार नजर रखना ।
- लोगों की छुप-छुप कर बातें सुनना, क्योंकि इस विकार से ग्रस्त व्यक्ति को ऐसा लगता है कि कहीं दूसरे लोग उसकी चुगली न कर रहे हों। यही शक की भावना असफल वैवाहिक जीवन का कारण बनती है।
- ऐसा अनुभव करना जैसे कोई इनके खिलाफ साजिश रच रहा हो।
- तरह-तरह के भ्रम पैदा होना जैसे "मेरे ऊपर उसने जादू टोना कर रखा है", "मेरी सोच उसके कंट्रोल में है", "मैं जो भी करता हूं वो दूसरों को पता चल जाता है", "मेरे आस-पास किसी ने कोई मशीन लगा रखी है", "मेरे शरीर में कोई तरंगें या बिजली छोड़ रहा है"। ऐसी शक की भावना गंभीर मानसिक रोगों में पैदा होती हैं।
- इस भावना के चलते व्यक्ति में धीरे-धीरे उदासी व चिड़चिडापन भी पैदा होने लगते हैं।

> शक की भावना के दो रूप हैं, एक है कच्चा शक जिसमें व्यक्ति को समझाने-बुझाने तथा तथ्यों से अवगत कराने पर शक की भावना समाप्त हो जाती है। दूसरा है, पक्का शक जिसमें पूरे तथ्यों व सच्चाई से अवगत करा देने पर भी वह बेवजह अपने शक पर अड़िग रहता है। पक्का शक गंभीर मानसिक रोगों जैसे– साइकोसिस, स्किजोफ्रेनिया, मेनिया आदि में पैदा होता है।

. . . .

मोहन की पत्नी बैंक में मैनेजर है। मोहन खुद शराब की लत से ग्रस्त है। शादी के दो-तीन सालों बाद वह अपनी पत्नी पर बेवजह शक करने लगा। वह अकसर अपनी पत्नी को कहता "तुम्हारा कहीं चक्कर चल रहा है"। इसी कारण रोज झगड़ा क्लेश रहने लगा। मोहन के परिवार वालों ने उसे बार-बार समझाया-बुझाया पर उसका संदेह खत्म नहीं हुआ। आखिरकार दोनों का तलाक हो गया। कुछ महीनों बाद मोहन की दूसरी शादी एक घरेलू औरत से कर दी गई। परंतु वह उस पर भी शक करने लगा। यह सब एक मानसिक रोग की वजह से हो रहा था जिससे मोहन कई सालों से ग्रस्त था।

. . . .

किन-किन अवस्थाओं में पैदा हो सकती है शक की भावना

- **पैरानायड व्यक्तित्व विकार (Paranoid Personality Disorder) :** यह एक ऐसा व्यक्तित्व विकार है, जिसमें इंसान की सोच शक्की किस्म की हो जाती है, परंतु बातचीत द्वारा उसके शक को काफी हद तक दूर किया जा सकता है। (पढ़ें पेज नं. 131)

- **स्किजोफ्रेनिया :** यह एक गंभीर मानसिक रोग है, जिसमें व्यक्ति के मन में पक्के शक पैदा होने लगते हैं। समझाने व बातचीत करने पर भी शक दूर नहीं हो पाते (पढ़ें पेज नं. 68)
- **डैल्यूजनल डिसऑर्डर :** इसमें व्यक्ति के मन में कुछ खास किस्म के पक्के शक पैदा हो जाते हैं जो कि इलाज न कराने पर सारी उम्र व्यक्ति के साथ रहते हैं। ऐसे व्यक्तियों की जीवन शैली, कामकाज आदि सामान्य रहते हैं। यह समस्या आमतौर पर 30 वर्ष की उम्र के बाद पैदा होती है। उदाहरण के लिए एक प्राइवेट कंपनी में काम करने वाले व्यक्ति ने अपनी सारी उम्र इस शक में निकाल दी की उसके सहकर्मी उसके खिलाफ साजिश रचते हैं। इस शक की वजह से उसका कोई भी मित्र नहीं बन पाया, परंतु वह अपना कामकाज सामान्य रूप से करता रहा।
- **नशाखोरी :** लंबे समय से शराब, भांग, चरस, गांजा, नींद की गोलियों का नशा करने वाले व्यक्तियों में भी शक की भावना पनप सकती है।
- **दवाएं :** अन्य बीमारियों के लिए इस्तेमाल की जाने वाली कुछ दवाइयां जैसे स्टीरायड्स, एम्फीटामींस, थाइरोक्सीन, आइसोनायजाइड आदि भी शक की भावनाओं को जन्म दे सकती हैं। परंतु ऐसा कुछ ही व्यक्तियों में होता देखा गया है।
- **गहरा मानसिक आघात :** अचानक पैदा हुआ मानसिक आघात जैसे– प्रियजन की मृत्यु, व्यापार में घाटा, नौकरी से निकाला जाना, चोरी, सामाजिक अपमान आदि कुछ व्यक्तियों में एक्यूट साइकोसिस नामक मानसिक रोग पैदा कर देता है। साइकोसिस में भी इंसान का मन शक्की किस्म का हो जाता है।
- **अन्य मानसिक रोग :** जैसे– मेनिया, डिप्रेशन डिमेंशिया आदि की गंभीर अवस्थाओं में भी इंसान शक्की हो सकता है।
- **शारीरिक बीमारियां :** जैसे– एडस, दिमाग का कैंसर, मिरगी रोग, आदि में भी व्यक्ति का स्वभाव शक्की होते देखा गया है।

(रोग के उपचार संबंधी जानकारी हेतु पढे पेज नं.-176)

"चिड़चिड़ापन" एक मानसिक रोग

चिड़चिड़ापन आखिर है क्या?

कोई बिरला ही होगा जो अपने जीवन में चिड़चिड़ेपन का शिकार न हुआ हो। हर इंसान कभी न कभी चिड़चिड़ाहट जरूर महसूस करता है, चाहे वह कम हो या ज्यादा। छोटी-छोटी बात पर गुस्सा आना, तमतमाना, खीझकर बोलना, गाली-गलौच या फिर हाथापाई तक का पहुंचना चिड़चिड़ेपन के ही लक्षण हैं। वास्तव में यह एक मनोदशा है, जिसमें व्यक्ति की कुंठा को बर्दाश्त करने की ताकत कमजोर पड़ जाती है। इस स्थिति में व्यक्ति का कोई काम उसके मन मुताबिक न हो तो वह बहुत गुस्से से भर जाता है। यह मनोदशा कई बार इंसान के ऊपर जरूरत से ज्यादा हावी हो भारी नुकसान का कारण भी बन सकती है। चिड़चिड़ेपन का शिकार हुआ उमेश कैसे अपने जीवन को कष्टकारी बना देता है, देखिये- उमेश कुछ महीनों से व्यापार में लगातार नुकसान उठा रहा है। दूसरी तरफ घर के खर्चे बढ़ रहे हैं। इस सबके चलते वह मानसिक दबाव महसूस करता है और धीरे-धीरे चिड़चिड़ेपन का शिकार बन जाता है। वह अपने ग्राहकों व रिश्तेदारों से चिढ़कर बोलने लगता है। लोग उससे कतराने लगते हैं और ग्राहक भी दुकान

एक चिड़चिड़ा व्यक्ति

पर आना कम कर देते हैं। चिड़चिड़ापन और बढ़ता है और एक दिन छोटी-सी बात पर वह गुस्से में अपने नौकर को धक्का देकर गिरा देता है जिसके कारण उसकी हाथ की हड्डी टूट जाती है। गाड़ी चलाते वक्त भी उमेश अपने आप पर नियंत्रण नहीं रख पाता और एक स्कूटर चालक को टक्कर मार, उसे भी गंभीर चोट पहुंचा देता है। इस तरह समस्याओं पर समस्याएं बढ़ती चली जाती हैं। कुछ समय बाद वह मायूसी यानी डिप्रेशन का शिकार हो जाता है। उमेश की तरह बच्चे व औरतें भी किसी न किसी कारणवश चिड़चिड़ेपन का शिकार होती देखी गई हैं। इस मनोदशा के शिकार व्यक्ति को खुद चिड़चिड़ेपन के असली कारणों का पता नहीं चल पाता। कई बार छोटे-छोटे मानसिक द्वंद्व जैसे पत्नी से तालमेल की कमी, अपमान, बच्चों से मनमुटाव आदि भी इस मनोदशा का कारण बन सकते हैं।

> आमतौर पर इंसान कभी-कभी हो रहे चिड़चिड़ेपन पर आसानी से काबू पा लेता है और यह स्थिति बहुत थोड़े समय के लिए रहती है। परंतु कुछ परिस्थितियों में चिड़चिड़ापन नियंत्रण से बाहर हो जाता है और लंबे समय तक इंसान को तंग करता है। मनोचिकित्सक जरूरत से ज्यादा चिड़चिड़ेपन को मानसिक रोग का एक लक्षण मानते हैं।

अब जानिए यह मनोदशा किस-किस मानसिक रोग का सूचक हो सकती है। (हो सकता है आपके चिड़चिड़ेपन के पीछे इन रोगों में से किसी एक का हाथ हो) :

- **मानसिक थकान (न्यूरसथीनिया) :** लगातार बढ़ता मानसिक तनाव या काम का बोझ कई बार मानसिक तौर पर थकान पैदा कर देता है जिसे न्यूरसथीनिया नामक बीमारी के रूप में जाना जाता है। चिड़चिड़ेपन के अलावा इस रोग के मुख्य लक्षण हैं : थका-थका महसूस करना, ऊर्जाहीन शरीर व मांसपेशियों में दर्द, सिर-दर्द, नींद की समस्या व चक्कर आना। (ज्यादा जानने हेतु पढ़ें पेज नं. 27)
- **डिप्रेशन :** यह मनोरोग तेजी से समाज को अपनी गिरफ्त में ले रहा है। इस रोग के मुख्य लक्षण है : मन का मायूस रहना, काम में दिल न लगना व थकान। रोने को मन करना, याददाश्त में कमी व चिड़चिड़ापन इसके अन्य लक्षण हैं। (ज्यादा जानने हेतु पढ़े पेज नं. 10)

> रोजमर्रा की जिंदगी में हो रही लोगों के बीच आपसी झड़पों व झगड़ों के पीछे चिड़चिड़ापन ही मुख्य कारण है।

- **चिंता रोग :** धड़कन का बढ़ना, बेचैनी, हाथ-पैर ठंडे रहना, नींद आने में दिक्कत, बुरे-बुरे ख्याल दिमाग में आना चिंतारोग के लक्षण हैं। इस रोग के गंभीर होने पर व्यक्ति चिड़चिड़ेपन का शिकार हो सकता है। (ज्यादा जानने हेतु पढ़े पेज नं. 17)
- **मेनिया (मानसिक उन्माद) :** इस रोग में व्यक्ति अपने आपको औरों से बेहतर समझने लगता है और उसके दिमाग की कार्य करने की शक्ति नियंत्रण से बाहर होने लगती है। इस रोग के कारण पैदा हुआ चिड़चिड़ापन सबसे ज्यादा गंभीर होता है और कई बार बेहद खतरनाक साबित होता है। (ज्यादा जानने हेतु पढ़े पेज नं. 74)
- **साइकोसिस (सिक्जोफ्रिनिया) :** यह एक गंभीर मानसिक रोग है जिसमें इंसान अपने आस-पास के लोगों पर बेवजह शक करना शुरू कर देता है। उसे लगता है मानो कोई उसके खिलाफ साजिश रच रहा है। इसी सोच के चलते वह चिड़चिड़ेपन का शिकार हो जाता है। (ज्यादा जानने हेतु पढ़ें पेज नं. 68)
- **व्यक्तित्व विकार :** कुछ लोगों का व्यक्तित्व ही मूल रूप से विकार लिए होता है। अहंकारी, असामाजिक, भावनात्मक रूप से डावांडोल आदि व्यक्तित्व वाले लोगों का स्वभाव चिड़चिडा हो सकता है। इसी प्रकार कई अन्य मानसिक परिस्थितियों व रोगों जैसे– नशे की लत, बहम व सनकीपन, जिंदगी में भारी फेर बदलाव, इच्छाओं का पूर्ण न होना, नींद की कमी, ध्यानभंग रोग, मंद बुद्धि आदि में भी चिड़चिड़ापन पैदा हो सकता है। कुछ शारीरिक रोगों में भी यह मनोदशा पैदा होती देखी गई है। (ज्यादा जानने हेतु पढ़े पेज नं. 130)

बच्चों में पैदा हुआ अचानक चिड़चिड़ापन डिप्रेशन का सूचक हो सकता है।

(रोग के उपचार संबंधी जानकारी हेतु पढ़े पेज नं.-173)

हर व्यक्ति को अपने जीवन में मनोरोगी होने का 25 प्रतिशत खतरा हमेशा बना रहता है।

क्या है आखिर भूलने की समस्या? (भुलक्कड़पन)

क्यों हो जाती है याददाश्त (मेमोरी) कमजोर?

एक भुलक्कड़ व्यक्ति

भूलना या याददाश्त का कमजोर पड़ना, इस प्रकार की समस्या, हर इंसान अपनी जिंदगी में कभी न कभी महसूस अवश्य करता है, परंतु बहुत कम लोग हैं जिनको इस समस्या के बारे में सही जानकारी होती है। "बेटा दिमाग के लिए बादाम और घी खाया करो" "मुझे राकेश की तरह याद क्यों नहीं रहता? आखिरकार वो क्या खाता है?" "क्या यार, तुम तो भुलक्कड़ आदमी हो" ये सभी बातें दिमाग की एक क्रिया से संबंधित हैं जिसे याददाश्त (मेमोरी) कहा जाता है।

याददाश्त को बनाए रखने के लिए इंसान का दिमाग कई किस्म की जटिल क्रियाएं करता है। आइए देखें, दिमाग कैसे वस्तुओं, घटनाओं आदि को याद रखता है। यह प्रक्रिया तीन चरणों में होती है :

- सबसे पहले दिमाग अपने आस-पास के वातावरण जैसे बातचीत, शक्लों, घटनाओं, चित्रों आदि को शरीर की ज्ञानेन्द्रियों सें अनुभव कर विशेष संकेतों में बदल लेता है।

- फिर ये संकेत दिमाग अपने अंदर एकत्रित कर लेता है।
- जोर डालने पर दिमाग इन इकट्ठा किए गए संकेतों को पढ़कर इंसान को वही बातचीत, शक्ल या घटनाएं आदि याद करा देता है।

इन तीनों चरणों में कहीं पर भी खामी आने से भूलने की समस्या पैदा होने लगती है।

जानिये कितने किस्म की होती है याददाश्त

मनोवैज्ञानिक व्यक्ति की याददाश्त को तीन हिस्सों में विभाजित करते हैं :

- **अति अल्पकालिक स्मृति (Immediate Memory) :** कुछ सेकंड तक किसी चीज को याद रखना। जैसे किसी मित्र ने आपको अपना नया फोन नं. बताया और आपने उसको सुनकर कागज पर नोट कर लिया। नंबर सुनने से लिखने तक का यह काम दिमाग की इमीडिएट मेमोरी की मदद द्वारा संपन्न हुआ।

पूरे संसार में अभी तक याददाश्त को बढ़ा देने वाली जादुई दवा मौजूद नहीं है और अगर कोई ऐसा दावा करता है तो वह गलत है। अगर ऐसी दवा होती तो कुछ लोग जिनको इसकी जानकारी होती, दवा खाकर अपनी स्मरण-शक्ति का मनचाहा विकास कर सारी दुनिया पर राज करते। भविष्य में शायद ऐसी दवा का निर्माण हो जाए ऐसी कल्पना कई लोग करने लगे हैं।

- **अल्पकालिक स्मृति (Short Term Memory) :** इसके जरिए इंसान चीजों को कुछ दिनों तक याद रखने की क्षमता प्राप्त करता है। इस स्मृति में यादें अति अल्पकालिक स्मृति से आती हैं। उदाहरण के लिए यदि आप अपने मित्र का फोन नंबर बार-बार इस्तेमाल करने लगें तो कुछ समय में वह नंबर आपकी अल्पकालिक स्मृति में आ जाएगा और उस नंबर को इस्तेमाल किए बिना भी आप कुछ दिनों तक उसे याद रख सकेंगे।
- **दीर्घकालिक स्मृति (Long Term Memory) :** इसके जरिए दिमाग चीजों को कई महीनों, सालों या उम्र भर याद रखने की क्षमता प्राप्त करता है। इसमें मौजूद यादें व बातें अल्पकालिक मेमोरी से आती हैं। ऊपर दिए गए उदाहरण में अगर आप कई सालों तक अपने बताए गए दोस्त

के फोन नंबर का इस्तेमाल करते रहें तो वह नंबर धीरे-धीरे आपकी दीर्घकालिक मेमोरी का हिस्सा बन जाएगा और आप जिंदगी भर शायद वह नंबर न भूलें।

- कोई व्यक्ति एक चीज को जितनी बार दोहराता है, याद करता है या फिर इस्तेमाल करता है उतना ही उस चीज के दीर्घकालिक मेमोरी में जाने के अवसर बढ़ जाते हैं। इसलिए जो छात्र अपने विषय को पढ़कर उसे याद कर कागज पर लिखते हैं या मन ही मन दोहराते हैं या फिर आपस में विचार-विमर्श करते हैं, उनको अपना विषय ज्यादा समय तक याद रहता है।

> इंसान की याद रखने की क्षमता उसकी बौद्धिक क्षमता पर निर्भर करती है। तेज बुद्धि वाले लोगों की याददाश्त अकसर कम बुद्धि वालों से ज्यादा होती है। किसी विषय या वस्तु को याद रखने की क्षमता कुछ अन्य कारणों पर भी निर्भर करती है जैसे– आसपास का वातावरण, दिमागी हालत, व्यक्ति की उस विषय में दिलचस्पी, शारीरिक हालत, विषय को याद रखने की आंतरिक इच्छा (प्रेरणा) आदि।

क्या है भूलने की समस्या : कई लोग कहते हैं ''जब मैं छोटा था तब सब याद रहता था, पर अब दिमाग कमजोर हो गया है''। जी हां, यह सच्चाई हो सकती है। जैसे-जैसे इंसान बड़ा होता है उसे बहुत-सी चीजें याद रखनी पड़ती हैं और साथ में जिंदगी का आम मानसिक तनाव भी हावी होने लगता है। इसी कारणवश बड़े लोगों को बच्चों की अपेक्षा नई चीजों को याद रखने में कठिनाई महसूस होने लगती है। तभी तो तीस साल की उम्र होते ही आम आदमी अकसर कहने लगता है, ''बस भाई, अब मैं दोबारा नहीं पढ़ सकता, बचपन होता तो यह कोर्स कर भी लेता, अब कहां इतना दिमाग बचा है।''

हर कोई कभी न कभी, कुछ न कुछ भूल जाता है जैसे स्कूटर या कार को लॉक न करना, जाने-पहचाने लोगों के नाम याद न आना, जरूरी कागजात रख कर भूलना, महत्वपूर्ण मीटिंग का समय भूल जाना आदि। परंतु इस प्रकार की घटनाएं आम आदमी के साथ कभी कभार ही घटती हैं। परंतु अगर इस तरह की घटनाएं आपकी जिंदगी में जरूरत से ज्यादा होने लगें और आपकी दिनचर्या या जीवन को गलत ढंग से प्रभावित करने लगें तब इसको गंभीरता से लेना चाहिए, क्योंकि यह भूलने की बीमारी हो सकती है। भूलने की समस्या

दो तरीकों से सामने आती है। पहला है नई जानकारी को याद रखने में कठिनाई, जैसे नए दोस्तों के नाम या नई तकनीक सीखने में परेशानी। दूसरा है पुरानी जानकारी को दुबारा याद करने में दिक्कत, जैसे पिछले हफ्ते आपके घर जो लोग आपसे मिलने आए, उनके नाम याद न आना।

> आमतौर पर भूलने या याददाश्त कमजोर पड़ने जैसी समस्याओं से जूझ रहे लोगों की अति अल्पकालिक मेमोरी व अल्पकालिक मेमोरी में गडबड़ आती है। उनकी दीर्घकालिक मेमोरी काफी हद तक सामान्य रहती है जैसे वो कहां पैदा हुए, शादी कब हुई, दसवीं कब पास की आदि बातें उन्हें अकसर याद रहती हैं। परंतु समस्या गंभीर होने पर धीरे-धीरे दीर्घकालिक मेमोरी में भी गड़बड़ आने लगती है।

अगर आपके भूलने की समस्या गंभीर है, तो हो सकता है नीचे दी गई मानसिक समस्याओं में से एक इसका कारण हों : पढ़ें और अपनी कमजोर याददाश्त का मूल कारण जानने की कोशिश करें :

- **न्यूरसथीनिया (मानसिक थकान) :** यह समस्या तब पैदा होती है जब व्यक्ति अपने ऊपर जरूरत से ज्यादा मानसिक दवाब रखने लगता है। उदाहरण के लिए नाम या पैसा कमाने के लिए जरूरत से ज्यादा भाग दौड़। यह रोग मानसिक तनाव के अन्य कारणों जैसे प्रियजन की मृत्यु, गंभीर शारीरिक रोग आदि की वजह से भी पैदा हो सकता है। इसके मुख्य लक्षण हैं– थोड़ा काम करने पर ही थकान महसूस करना, मांसपेशियों में दर्द, नींद आने में दिक्कत, चक्कर आना आदि। इसके अलावा इस रोग में ध्यान-शक्ति कम होने की वजह से याददाश्त भी थोड़ी कमजोर पड़ने लगती है, परंतु यह समस्या आमतौर पर गंभीर रूप नहीं लेती। (ज्यादा जानकारी के लिए पढें पेज नं. 27)
- **डिप्रेशन :** इस रोग के गंभीर होने पर दिमाग की ध्यान-शक्ति व एकाग्रशीलता भंग होने लगती है जिसके चलते व्यक्ति की याददाश्त कमजोर पड़ने लगती है। आमतौर पर इस रोग में अल्पकालिक व अति अल्पकालिक मेमोरी पर सबसे ज्यादा नकारात्मक प्रभाव पड़ता है। इस रोग के अन्य लक्षण हैं मन का मायूस रहना, किसी काम को करने का दिल न करना, चिड़चिड़ापन, भूख व नींद की समस्या आदि। इलाज करने पर याददाश्त ठीक हो जाती है। (ज्यादा जानकारी हेतु पढ़ें पेज नं. 10)

- **डिमेंशिया :** यह रोग वृद्ध व्यक्तियों में पैदा होता है, जिसमें व्यक्ति की याददाश्त धीरे-धीरे कमजोर होने लगती है और एक अंतराल के बाद वह बेहद लाचार हो जाता है। संजयलीला भंसाली की फिल्म ब्लैक में अमिताभ को इसी रोग से ग्रस्त दिखाया गया है। (ज्यादा जानकारी हेतु पढ़ें पेज नं. 86)
- **ध्यान-भंग रोग :** (अटैंशन डेफिसिट डिसऑर्डर) यह रोग बच्चों व वयस्कों में पाया जाता है। इस रोग में दिमाग में मौजूद डोपामीन व अन्य रसायनों में कुछ गड़बड़ पैदा हो जाने की वजह से बच्चा बेहद चंचल व शरारती हो जाता है। एक जगह टिक कर न बैठना, जरूरत से ज्यादा कूदना-फांदना, भुलक्कडपन, ज्यादा बोलना, अपनी बारी का इंतजार न कर पाना, आदि इसके मुख्य लक्षण हैं। वयस्कों में इस रोग के मुख्य लक्षण हैं– बेचैन-सा रहना (जैसे आराम से बैठकर टीवी देखने या अखबार आदि पढ़ने में दिक्कत), भूलक्कड़पन (जैसे चीजें रखकर भूलना, महत्त्वपूर्ण तारीखें भूलना आदि), मूड का बार-बार बदलना (जैसे एक पल में उत्तेजित होना, दूसरे पल उदास हो जाना) छोटी-छोटी बातों पर गुस्सा आना, जिंदगी में हल्की-सी मुश्किल आने पर भी अपने आप पर नियंत्रण न रख पाना, काम अधूरा छोड़ना, उतावलापन, बिना सोचे समझे बोल देना आदि। आज मनोपचार व कुछ विशेष दवाओं के जरिए इस समस्या का इलाज संभव है।
- **मानसिक मंदता :** आम इंसान की औसत बुद्धि से कम बुद्धि होना मानसिक मंदता कहलाता है। जिन बच्चों की बुद्धि बचपन से काफी कम होती है उनका व्यवहार दूसरे बच्चों की तुलना में अलग होता है। वो बच्चे ज्यादा चुस्त, चालाक नहीं होते और दूसरे लोग उन्हें अकसर भोला है' कहकर बुलाने लगते हैं। ऐसे बच्चों की याददाश्त ज्यादा तेज नहीं होती। कुछ व्यक्ति ऐसे भी होते हैं जो मंद बुद्धि तो नहीं होते परंतु इनकी बौद्धिक क्षमता आम इंसान से थोड़ी कम होती है। इस समस्या को बॉर्डर लाइन इनटेलीजेंस (Borderline Intelligence) के नाम से जाना जाता है। ऐसे व्यक्ति सामाजिक कार्यों, खेल-कूद व संगीत आदि में तो ठीक क्षमता रखते हैं, परंतु पढ़ाई-लिखाई व अन्य दिमागी कार्यों में उनका प्रदर्शन कमजोर रहता है। ऐसे व्यक्ति का आई क्यू (I.Q.) 71-84 की के बीच होता है। इसी कारण ऐसे व्यक्तियों की याददाश्त

भी बहुत अच्छी नहीं होती। ऐसे व्यक्ति अपने आप से बहुत ज्यादा आशाएं न रखने पर सफल जीवन यापन कर सकते हैं।

- **नशा खोरी :** शराब, भांग व अन्य नशे खासतौर पर नींद की गोलियों (बैंजोडाइजापींस) आदि का सेवन करने वाले व्यक्तियों में कुछ समय के बाद भुलक्कड़पन पैदा होने लगता है। जो लोग बिना चिकित्सक की सलाह के नींद की समस्या के लिए नींद की गोलियां खानी शुरू कर देते हैं, धीरे-धीरे इन गोलियों के आदी हो जाते हैं। कुछ महीनों बाद उनमें भूलने की समस्या पैदा होने लगती है। व्यक्ति को पता भी नहीं चलता कि यह सब गोलियों की वजह से पैदा हो रहा है और वह बेरोकटोक इनका सेवन करता रहता है। लंबे समय से शराब का सेवन करने वाले लोगों में गंभीर भुलक्कड़पन पैदा होने का अंदेशा ज्यादा होता है।
- **डिसोसिएटिव ऐमनेजिया :** यह एक ऐसा मानसिक रोग है जिसमें व्यक्ति किसी खास घटना के बारे में जो कि अकसर कष्टकारी होती है अचानक भूलने लगता है। कई बार वह अपना नाम व घर का पता तक भूल जाता हैं। इस रोग में इंसान की शेष याददाश्त बिल्कुल ठीक रहती है। उदाहरण के लिए एक औरत जिसके घर में बहुत बड़ी चोरी की घटना घटी है, अचानक उस घटना के बारे में सबकुछ भूल जाती है। नाम पूछने पर, अपना नाम भी नहीं बता पाती, परंतु वह किसकी पत्नी है, कहां पैदा हुई उसके कितने बच्चे हैं आदि बिल्कुल सही व आसानी से बता देती है। प्रियजन की मृत्यु पर अकसर औरतों में इस प्रकार की समस्या होती देखी गई है। मनोवैज्ञानिक पद्धतियों द्वारा इस समस्या का इलाज संभव है।
- **चिंता रोग :** इस रोग के गंभीर होने पर याददाश्त से जुड़ी समस्याएं पैदा हो सकती हैं। चिंता ज्यादा होने पर दिमाग आस-पास घट रही घटनाओं को रजिस्टर नहीं कर पाता और इस प्रकार भूलने की समस्या पैदा होने लगती है (ज्यादा जानकारी हेतु पढ़ें पेज नं. 17)

अन्य रोग व परिस्थितियां जिनमें भूलने की समस्या पैदा हो सकती है :

- थायराइड से जुड़े रोग।
- बिल्कुल नए वातावरण में एडजस्ट करते समय।

- एड्स का रोग।
- स्किजोफ्रेनिया।
- दिमाग पर लगी गंभीर चोट।
- मिरगी के दौरे (Epilepsy)।
- दिमाग में ट्यूमर या संक्रमण का होना।
- पक्षाघात।
- शरीर में विटामिन थाईमीन की कमी।
- मल्टीपल स्कलिरोसिस नामक बीमारी (Multiple Sclerosis)।
- रक्त में शूगर की कमी।
- अनिद्रा।
- कोगनेटिव डिसऑर्डर।
- दवाओं के साइड इफेक्ट।
- क्रोनिक फटीग सिंड्रोम।
- गर्भावस्था के दौरान आदि।

(रोग के उपचार संबंधी जानकारी हेतु पढ़े पेज नं.-177)

डरावने सपनों का डर

आखिर क्या हैं सपने?

. . . .

सोहन उम्र 40 वर्ष, पिछले कुछ महीनों से लगभग हर रोज रात को घबराकर उठ जाता है, क्योंकि उसे सपना आता है जैसे वह किसी गहरी नदी में डूब रहा हो। उसी प्रकार किरण को भी न जाने कितने सालों से यह सपना तंग करता है, जैसे–कोई खतरनाक जानवर उसके पीछे पड़ा है और वह भागने की कोशिश करती है, परंतु भाग नहीं पाती ।

. . . .

आमतौर पर आदमी को नींद में आ रहे सपनों से कोई परेशानी नहीं होती जब तक कि वो सुखदायक अनुभव लिए हो, जैसे– लाटरी खुल जाना, साहसी काम कर जाना, लोकप्रिय हो जाना आदि। परंतु समस्या उस समय शुरू होती है जब सपने का रूप भयानक, डरावना व बहुत ज्यादा उल्टा-सीधा हो जाए। कभी-कभार ऐसे सपनों का आना कोई विशेष परेशानी पैदा नहीं करता, परंतु रोज-रोज ऐसा होना व्यक्ति के लिय कई बार काफी कष्टकारी अनुभव बन सकता है।

आमतौर पर दिखने वाले डरावने सपने :

- ऊंचाई से नीचे गिरना।
- पानी में डूबना।
- किसी जानवर या डरावनी चीज का पीछे पड़ना।
- अपने आप को किसी तंग कमरे में बंद पाना।
- डर के मारे भागने की कोशिश करना, परंतु भाग न पाना। गति का बहुत धीमा हो जाना।

- अपने आपको दूसरों के समक्ष निर्वस्त्र पाना।
- पेपर का छूट जाना या फेल हो जाना आदि ।
- सांस न ले पाना।

सपने बनते कैसे हैं : नींद के कुछ खास समय पर ही सपने बनने शुरू होते हैं। सोते समय इंसान का चेतन मन भी सो जाता है, परंतु अवचेतन मन जागता रहता है। जागते समय चेतन मन, अवचेतन मन पर लगाम कसे बैठा रहता है। नींद में जैसे-जैसे चेतन मन सोने लगता है वैसे-वैसे अवचेतन मन व्यक्ति पर हावी होकर सपनों का निर्माण करने लगता है।

एक व्यक्ति के अवचेतन मन में बनने वाले सपनों का चित्रण

सपने करते हैं मनोदशा का वर्णन : जी हां, यह बिलकुल सच है कि आपकी मनोदशा जैसी होती है, वैसे ही आपको सपने आते हैं। उदाहरण के लिए एक व्यक्ति है, जिसको उसके बॉस ने बेइज्जत कर नौकरी से निकालने की धमकी दी है। उस व्यक्ति को बॉस पर बहुत गुस्सा आ रहा है, परंतु वह चाहते हुए भी अपने बॉस का कुछ नहीं बिगाड़ सकता। उसे सारा गुस्सा मन ही मन पीना पड़ता है। ऐसी स्थिति में व्यक्ति का अवचेतन मन रात को सोते समय इस प्रकार के सपने का निर्माण करने लगेगा जैसे– वह किसी जंगल

में भागा जा रहा है और एक रीछ उसकी जान के पीछे पड़ा है। भागते-भागते वह पानी के तालाब में छलांग लगा देता है और अचानक उसकी नींद खुल जाती है। इसी प्रकार उसे एक सपना यह भी आ सकता है जैसे वह एक बहुत बड़ी कंपनी का मालिक है और उसका बॉस उस कंपनी में चपरासी है जिसे वह बुरी तरह डांट रहा है। अवचेतन मन इंसान की जिंदगी में प्रतिदिन घटने वाली घटनाओं को पुरानी यादों व अनुभवों के साथ जोड़कर सपनों को पैदा करता है। एक चिंतित औरत चिंता-भरे सपने देखती है, जैसे–उसका बच्चा बहुत बीमार है और अस्पताल में दाखिल है परंतु कोई भी उसके आस-पास नहीं हैं। एक मायूस व्यक्ति सपना देखता है, जैसे– उसके दोनों हाथ कट चुके हैं और वह अकेला वीराने में घूम रहा है। यौवनावस्था में अवचेतन मन कामुकता से भरे सपनों का निर्माण करता है।

अगर आप डरावने सपनों से परेशान हैं तो नीचे दी गई मानसिक समस्याएं पढ़ें। हो सकता है इनमें से कोई आपके डरावने सपनों का कारण हो :

- खौफनाक दुर्घटना के बाद पैदा हुई मन की समस्या।
- चिंता रोग या कोई भी चिंताजनक स्थिति।
- डिप्रेशन।
- नाइट मेयर।
- नाइट टैरर।
- मानसिक तनाव या द्वंद्व।

कई बार अवचेतन मन ऐसे सुखद सपनों का निर्माण करता है जो कि व्यक्ति असली जीवन में अनुभव करना चाहता है, परंतु कर नहीं पाता। जब इंसान की इच्छाएं पूर्ण नहीं होतीं, तब मन में कुंठा इकट्ठी होने लगती है। इस कुंठा को दूर करने हेतु अवचेतन मन सुखद सपनों का निर्माण करता है और मन को कुंठाओं से मुक्ति दिलाने में मदद करता है। उदाहरण के लिए एक राशन की दुकान पर काम करने वाला महत्त्वाकांक्षी नौकर नींद में सपना देखता है कि उसकी लाटरी लग गई है जिससे उसने शहर का एक बहुत बड़ा शोरूम खरीद लिया है। इसी तरह साइंस का विद्यार्थी सपने में देखता है कि उसे नोबल प्राइज मिल रहा है।

- **खौफनाक दुर्घटना का सपना :** जरूरत से ज्यादा डरा देने वाली घटनाओं जैसे विनाशकारी भूकंप, गंभीर सड़क दुर्घटना, हत्या करते देख लेना, आतंकवादी गतिविधियां, रेप, शारीरिक या मानसिक शोषण व अन्य कई किस्म के खौफनाक अपराध आदि का सामना होने पर कई बार इंसान अपना मानसिक संतुलन खो बैठता है और पी.टी.एस.डी. (पोस्टट्रॉमैटिक स्ट्रैस डिसऑर्डर) नामक मानसिक रोग का शिकार हो जाता है। इस रोग के पैदा होने पर व्यक्ति को बार-बार घटना से जुड़े सपने आने लगते हैं और वह बहुत ज्यादा परेशान रहने लगता है। घटना जहां घटी हो उस जगह जाने से कतराना, बार-बार उससे जुड़े भयानक पलों का याद आना, नींद की कमी, अत्यधिक चिंता व डर इस समस्या के अन्य लक्षण हैं। आमतौर पर यह समस्या दुर्घटना घटने के 6 महीने के अंदर-अंदर पैदा हो जाती है।
- **चिंता रोग :** इस मनोरोग (पढ़ें पेज नं.17) से जूझ रहे व्यक्ति को चिंताजनक सपनों का अनुभव हो सकता है, जैसे– किसी अनजानी जगह पर दोस्तों का साथ छूट जाना और अकेले भटकने का एहसास होना।
- **ड्रिप्रेशन :** इस मनोरोग (पढ़ें पेज नं. 10) में इंसान अपने आपको असहाय, हारा हुआ, किसी गंभीर रोग से ग्रस्त आदि भाव लिए सपनों का अनुभव करता है।
- **नाइटमेयर डिसआर्डर (Nightmare Disorder) :** इस रोग में व्यक्ति को रात के तीसरे प्रहर में बेहद डरावने सपने आने लगते हैं और वह घबराहट में उठकर बैठ जाता है। उस समय व्यक्ति काफी भयभीत हुआ दिखाई देता है; परंतु थोड़ी ही देर में वह सामान्य भी हो जाता है। इस रोग से ग्रस्त कुछ लोगों को एक ही डरावना सपना बार-बार आने लगता है। एक बार नींद खुल जाने पर व्यक्ति पूरा सपना याद रखता है और दूसरों को इसके बारे में बताने पर थोड़ी राहत महसूस करता है। बच्चों में इस प्रकार की समस्या को कोई गंभीर समस्या नहीं माना जाता और इसके लिए कोई विशेष इलाज की आवश्यकता भी नहीं पड़ती। परंतु व्यस्कों में यह समस्या मानसिक परेशानी का कारण बन सकती है। कुछ खास किस्म की दवाओं का सेवन जैसे बैंजोडाइजापींस, एंटीडिप्रेशेंट आदि भी नाइटमेयर पैदा कर सकता है। कुछ लोगों में नाइटमेयर की समस्या गंभीर मानसिक तनाव या शारीरिक बीमारी की वजह से भी पैदा होती देखी गई है।

- **नाइट टैरर (Night Terror) :** यह भी एक मानसिक रोग है जिसमें व्यक्ति नींद के पहले भाग में अचानक चिल्लाकर उठता है और भ्रमित-सा हो जाता है। दिल की धड़कन तेज होना, हाथ-पैर कांपना, तेज सांस लेना, पुतलियों का फैलना व पसीना आना आदि इससे जुड़े अन्य लक्षण हैं। आमतौर पर यह घटनाक्रम एक से दस मिनट तक रहता है। हड़बड़ाहट के कारण व्यक्ति के आस-पास सो रहे लोग भी नींद से जाग जाते हैं और उसको समझाने-बुझाने की कोशिश करने लगते हैं, परंतु ऐसा करना स्थिति को और गंभीर बना देता है, क्योंकि इससे व्यक्ति अकसर और ज्यादा भ्रमित हो जाता है। यह समस्या नाइटमेयर से अलग है, क्योंकि नाइटटैरर में इंसान बहुत कोशिश करने पर भी सपने को याद नहीं कर पाता, जबकि नाइटमेयर में वह पूरा सपना ज्यों का त्यों याद रखता है।
- अन्य मानसिक समस्याएं जैसे– नशाखोरी, शराबखोरी, मानसिक तनाव, मन में विचारों का द्वंद, फोबिया, दवाइयों का सेवन आदि भी डरावने सपनों का कारण बन सकती है।

(रोग के उपचार संबंधी जानकारी हेतु पढ़े पेज नं.-179)

आस्तिक इंसानों के मनोरोगी होने की संभावना नास्तिक इंसानों की तुलना में कम है।

स्किजोफ्रेनिया (*Schizophrenia*)

गंभीर मानसिक रोग, परंतु इलाज संभव

आम भाषा में मन की इस बीमारी को पागलपन भी कहा जाता है (परंतु मनोचिकित्सक इस बीमारी के लिए इस शब्द का इस्तेमाल उचित नहीं मानते)। भारत में सौ में से एक व्यक्ति इस बीमारी से ग्रस्त है।

कुछ लोग इस रोग को मानसिक स्वास्थ्य का कैंसर भी मानते हैं। परंतु इस बीमारी के इलाज में काम आने वाली दवाओं व विधियों ने रोग पर काबू पाने के लिए नए दरवाजे खोल दिए हैं।

> जितनी जल्दी यह बीमारी पकड़ में आ जाए उतने ही ज्यादा इलाज के सफल होने के अवसर बढ़ जाते हैं।

अज्ञानवश आज भी लोग इस बीमारी से जूझ रहे लोगों को पागल, नकारा, सुस्त व कामचोर समझते हैं परंतु वास्तव में यह एक मानसिक रोग है। इसके सही इलाज से रोगी के जीवन को सामान्य बनाया जा सकता है। इस बीमारी से जूझ रहा इंसान इतना खतरनाक नहीं है जितना की आज के युग का सामान्य समझे जाने वाला स्वार्थी व चालाक इंसान।

स्किजोफ्रेनिया

रोग के लक्षण

- कोई भी व्यक्ति इस बीमारी का शिकार हो सकता है। अकसर यह बीमारी जिंदगी के सबसे महत्त्वपूर्ण पड़ाव पर (15 से 45 वर्ष के बीच) पैदा होती है। इस रोग में व्यक्ति अपनी वास्तविक जिंदगी को छोड़ कर अपनी बनाई हुई अवास्तविक व मनगढ़ंत दुनिया में रहने लगता है।
- बीमारी का शुरू-शुरू में किसी को भी पता नहीं लगता क्योंकि शुरुआत में इसके लक्षण काफी हलके फुलके से होते हैं जैसे काम में मन न लगना, चिड़चिड़ापन, व्यवहार में थोड़ा-थोड़ा अजीबपन सा आना, छोटी-सी बात को पकड़ कर बैठ जाना, हलकी घबराहट या उदासी का होना आदि।
- धीरे-धीरे मरीज के लक्षण गंभीर होने लगते हैं और वह समाज से कटना शुरू हो जाता है। कुछ समय बाद वह साफ-सफाई का ध्यान भी कम रखने लगता है, जैसे कई दिनों तक न नहाना, ब्रुश न करना, कपड़े न बदलना आदि।
- रोगी के खाने-पीने का ढंग भी बदलने लगता है। या तो वह खाना बहुत ज्यादा खाता है या फिर बिल्कुल कम कर देता है।

अन्य लक्षण

- अजीब व्यवहार करना जैसे अपने आप से बातें करना, अपने आप में हंसना, उलटी-सीधी हरकतें करना जैसे कूड़ा करकट जेबों में डालना, बिना मतलब कपड़ों को कैंची से काट देना, बेकार में इधर-उधर घूमना, अकेले बैठे-बैठे हवा में इशारे करना, अचानक बिना कारण कपड़े उतार देना, अंटशंट बोलना इत्यादि।
- भ्रम व शक पैदा होना जैसे कोई रोगी के खिलाफ साजिश रच रहा है, दूसरे लोग उसकी चुगली कर रहे हैं या फिर किसी ने उस पर जादू-टोना कर दिया है। लाख समझाने पर भी मरीज अपने शक पर अड़ा रहता है।
- मरीज की बातें समझ में आना बेहद मुश्किल होने लगता है, क्योंकि उसके द्वारा कही गई बातों का आपस में ताल-मेल खोने लगता है। एक बात पूछने पर वह कोई और बात बताने लगता है। सवालों के अस्पष्ट जवाब देना इस रोग का एक लक्षण हो सकता है।

- कानों में आवाजें आना। मरीज ऐसी आवाजें कानों में सुनने लगता है जो कि केवल उसी को सुनाई देती हैं, दूसरों को नहीं। इन्हें ओपरी आवाजें भी कहा जाता है।
- बेवजह डरा-डरा सा दिखाई देना।
- उलटी-सीधी आकृतियों का दिखना।
- गुमसुम रहना, न किसी बात पर खुश होना न दुखी होना या फिर बेमतलब अत्यधिक प्रसन्न रहना।
- बेवजह गुस्सा आना। मारपीट व तोड़-फोड़ करना। बिना धूप या बरसात की परवाह किए घंटों एक जगह खड़े रहना।
- बिना कारण नाचने या गाने लगना।
- मरीज को ऐसे लगना जैसे अखबार, टी.वी. रेडियो वाले उसके बारे में खबर छाप रहे हैं या फिर उसके दिमाग के विचार सबको बता रहे हैं।

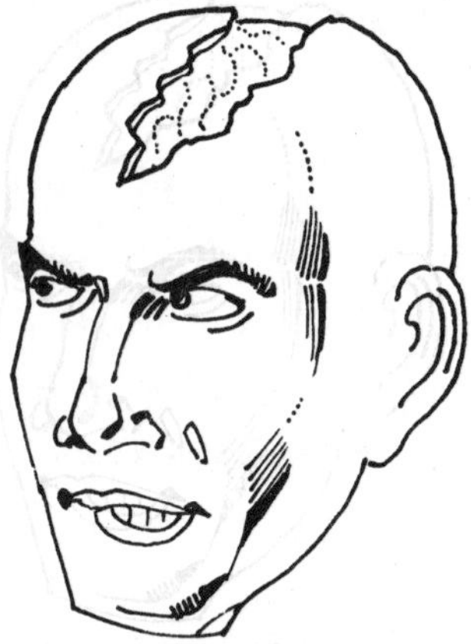

स्क्रिजोफ्रेनिया
(सोच में बदलाव)

ध्यान रहे किसी एक रोगी में इन सभी लक्षणों का होना आवश्यक नहीं है। विभिन्न रोगियों में इस बीमारी के अलग-अलग लक्षण हो सकते हैं।

स्किजोफ्रेनिया से ग्रस्त इंसान क्या अनुभव करते हैं? उन्हें किस प्रकार से ओपरी आवाजों व चीजों का अनुभव होता है? इन सभी को जानने के लिए कुछ फिल्में जैसे ब्यूटीफुल माईंड (अंग्रेजी), देवराई (मराठी), मदहोशी (हिन्दी) आदि फिल्मों को देखा जा सकता है। याद रहे हिन्दी फिल्मों में कुछ तथ्य सही हैं तो कुछ गलत भी हैं।

. . . .

रमन, उम्र 30 वर्ष, किसी समय में वकालत पढ़ रहा था। वकालत पढ़ने हेतु वह 18 वर्ष की उम्र में होस्टल आ गया था। हॉस्टल में उसे नए लोगों से मिलने में थोड़ी-थोड़ी हिचकिचाहट महसूस हुई परंतु कुछ समय बाद वह माहौल में ढलने लगा और सही ढंग से पढ़ने लगा। वह ज्यादातर

अपने आप में रहना पसंद करता था। पढ़ाई के दो सालों के बाद रमन के व्यवहार में बदलाव आने लगा। वह बात करते-करते बीच में रुकने लगा तथा थोड़ा-थोड़ा चिड़चिडा हो गया। परीक्षा के दिनों में वह पढ़ाई छोड़कर घर आ गया। माता-पिता ने सोचा कि वह पेपरों से घबरा गया है और समझा-बुझाकर उसे वापस होस्टल भेज दिया। परंतु रमन की हालत दिन पर दिन बिगड़ती चली गई। उसने क्लास में जाना, मैस में इकट्ठे भोजन करना, टीवी आदि देखना काफी हद तक बंद कर दिया। वह एक जगह खड़े होकर अपने आप में बातें करने लगा और अपने आस-पास रह रहे लड़कों पर अजीबो-गरीब शक करने लगा। जैसे वो उसको नुकसान पहुंचाना चाहते हैं, उसका दिमाग कमजोर करना चाहते हैं आदि। अकेले कमरे में उसके जोर-जोर से हंसने व अपने आप में बातें करने की आवाजें आने लगीं। यह सब देख, दूसरे छात्रों ने उससे मिलना बंद कर दिया। उसकी पढ़ाई में भी लगातार गिरावट आने लगी जिसके कारण वह अपने पेपर भी ढंग से नहीं दे पाया। इस सब के चलते उसी के गांव के एक छात्र ने रमन के मां-बाप को फोन कर उन्हें उसकी स्थिति के बारे में अवगत कराया। रमन की ऐसी हालत देख वो लोग बेहद परेशान हो गए और उसको घर ले गये। घर पर भी उसकी हालत में कोई सुधार नहीं आया, उलटा वह अपने घर वालों पर ही शक करने लगा। उसने एक बार यह भी बताया कि कोई आत्मा है जो दूसरे ग्रह से आकर उससे बातें करती है। अपने बाल काट लेना, कपड़ो पर कैंची चला देना, दाल में मिट्टी डालकर खाना और न जाने कितनी ही अजीब हरकतें उसके व्यवहार में शामिल होने लगीं। रमन की नींद व भूख बिलकुल गड़बड़ा चुकी थी। सारी-सारी रात जागकर वो इधर-उधर घूमते हुए बड़बड़ाता रहता था। किसी बुजर्ग के कहने पर रमन को तांत्रिक को दिखाया गया, परंतु कोई आराम न मिला। अंत में रमन के पिता के दोस्त (जिनकी लड़की साइकोलोजी में एम.ए. कर रही थी) ने उन्हें मनोचिकित्सक से मिलने के लिए कहा। तब जाकर उसकी बीमारी पकड़ में आई और सही इलाज शुरू हुआ। रमन को स्किजोफ्रेनिया नामक बीमारी से ग्रस्त पाया गया । इलाज के बाद रमन काफी सामान्य हो गया, परंतु वकालत पूरी करने में सक्षम नहीं हो पाया क्योंकि उसकी बीमारी के शुरू होने के दो साल बाद उसका इलाज शुरू किया गया

था। बीमारी लंबी होने पर व्यक्ति का पहले की तरह सामान्य होना बेहद मुश्किल हो जाता है। रमन लंबे इलाज के बाद अपना एक एसटीडी बूथ चलाने में कामयाब हो गया था। रमन की तरह न जाने कितने और लोग इस गंभीर बीमारी से जूझ रहे हैं, परंतु दुर्भाग्यवश ज्यादातर लोगों को इस बारे में पता ही नहीं कि इस समस्या का इलाज संभव है।

. . . .

ध्यान दें, जरूरी नहीं कि हर मरीज में रमन की बीमारी जैसे लक्षण नजर आएं। हर रोगी के अपने अलग किस्म के लक्षण हो सकते हैं। कुछ रोगियों में यह बीमारी बहुत ही हलके रूप में मौजूद रहती है और अंत तक पता नहीं चलती।

बीमारी के कारण : (कैसे पैदा होती है यह बीमारी ?)

इस रोग के वास्तविक कारणों का अभी तक सही-सही पता नहीं चल पाया है, परंतु कुछ समझ में आ चुके कारण इस प्रकार हैं :

- **आनुवांशिक कारण :** माता-पिता में अगर किसी को यह बीमारी हो तो वह संतान में जीन्स के द्वारा जा सकती है। रोगी के ब्लड रिलेटिवस (खून से जुड़े सगे-संबंधी) में इस रोग के होने की संभावना औरों की अपेक्षा थोड़ी बढ़ जाती है। कुछ गुणसूत्र (क्रोमोसोम) जैसे 5,11,18,19 व x इस रोग से संबंधित पाए गए हैं।
- **दिमाग में आया रासायनिक बदलाव :** दिमाग के कुछ हिस्सों में डोपामीन, सैरोटोनिन व अन्य रसायनों में आ रही गड़बड इस रोग का कारण बनती है। इलाज के लिए दी जाने वाली दवाएं इसी गड़बड़ को ठीक कर बीमारी को काबू करने में मदद करती हैं।
- **मानसिक तनाव :** जरूरत से ज्यादा मानसिक तनाव भी इस रोग को पैदा कर सकता है। मानसिक तनाव के बढ़ने पर वो ही व्यक्ति रोग का शिकार बनते हैं जिनके अंदर पहले से ही इसके होने की संभावना मौजूद हो।

अकसर इस बीमारी को हिन्दुस्तान में जादू-टोना, दैविक प्रकोप या बुरी आत्मा का असर समझ लिया जाता है, जिसके कारण रोगी को सबसे पहले तांत्रिकों व जादू-टोने वालों के पास ले जाकर उल्टा-सीधा इलाज करवाया जाता है। इसी कारणवश उचित इलाज समय पर नहीं मिल पाता और रोगी की हालत ज्यादा गंभीर बन जाती है।

बड़ी-बड़ी हस्तियों, कलाकारों व वैज्ञानिकों को भी यह रोग अपनी गिरफ्त में ले चुका है। उदाहरण के लिए प्रवीन बाबी (हिन्दी फिल्म कलाकार), जॉन नैश आदि। जान नैश ने 21 साल की उम्र में ही गणित विषय में एक खोज की, जिसके लिए उसे नोबल प्राइज भी मिला। इस बीमारी से ग्रस्त होने के बाद उसे अपनी नौकरी छोड़नी पड़ी थी। परंतु अपनी पत्नी की मदद व लगातार इलाज से नैश काफी स्वस्थ हो गया और अपनी नौकरी हासिल करने में कामयाब हो गया।

कुछ महान व कामयाब हस्तियां जो अपने जीवन में इस रोग का शिकार हुईं :

- **टॉम हेरल (Tom Harrell) :** एक लोकप्रिय संगीतकार जो इस बीमारी से ग्रस्त होने के बावजूद अच्छा संगीत देता रहा ।
- **जॉन नैश (John Nash) :** एक मशहूर गणितज्ञ जिसे जवानी में ही स्किजोफ्रेनिया ने अपना शिकार बना लिया । लगातार तीस वर्ष तक बीमारी से लड़ने के बाद उन्होंने अपना खोया सम्मान वापस पाया। सन् 1994 में उन्हें नोबल पुरस्कार से नवाजा गया।
- **मीरा पोपकीन (Meera Popkin) :** एक कलाकार
- **एंडी गोरेम (Andy Goram) :** स्काटलैड की फुटबाल टीम का गोलकीपर।
- **पीटर ग्रीन (Peter Greene) :** लोकप्रिय गिटारिस्ट।
- **प्रवीन बॉबी (Parveen Bobby) :** हिन्दी फिल्म कलाकार।
- **वैक्लव निजिंस्की (Vaclav Nijinsky) :** रूस की मशहूर डांसर जो कि बीमारी की वजह से ढाई साल घर बैठी रही।
- **चार्ल्स फास्ट (Charles Faust) :** अमेरिका का फुटबॉल का भूतपूर्व खिलाड़ी।

(रोग के उपचार संबंधी जानकारी हेतु पढ़े पेज नं.-180)

मेनिया यानी मानसिक उन्माद (Mania)

दिमाग में तेजी का आना

. . . .

30 वर्षीय दीपक पिछले कुछ महीनों से बड़ा ही अजीब व्यवहार कर रहा था। इससे पहले वह अपने पिता के साथ आभूषणों की अच्छी खासी दुकान चला रहा था। तीन महीने पहले दीपक की नींद कम होने लगी और वह हर काम तेजी के साथ जल्दी-जल्दी निपटाने लगा। कुछ ही दिनों में वह बड़े-बडे प्लान बनाने लगा जैसे पांच सितारा होटल शुरू करना या फिर कोई बहुत बड़ी दवाइयों की फैक्ट्री लगाना। पत्नी व पिता के समझाने पर कि यह सब उसकी क्षमता के बाहर है, दीपक आग-बबूला होने लगा। धीरे-धीरे उसकी मनोवस्था व व्यवहार में और भी बदलाव आने लगे, जैसे दोस्तों को बिना सोचे-समझे उधार दे देना, फिजूलखर्ची करना, एक जगह टिककर न बैठना, बड़ी-बड़ी बातें करना, जरूरत से ज्यादा बहस करना, औरों को छोटा समझना, जिद करना, छोटी छोटी बात पर लड़ने-मरने को तैयार हो जाना आदि। गाड़ी तेज रफ़्तार से चलाने की वजह से वह पिछले दो महीनों में तीन बार एक्सीडेंट भी कर चुका था। पिछले कुछ दिनों से तो दीपक अपने आप से बिल्कुल बाहर हो चुका था। पूरी-पूरी रात जागे रहना, इधर-उधर कूदना फांदना, मारपीट करना, तोड़-फोड़ करना आदि बढ़ती समस्याओं की वजह से उसके घर वाले बेहद परेशान व भयभीत हो गए। आखिरकार दीपक को साईकेट्रिक हस्पताल में दाखिल कराया गया, जहां उसे तीन हफ्तों तक रखा गया। अस्पताल से छुट्टी मिलने के बाद दीपक पहले की तरह सामान्य हो गया था। आज से तीन महीने पहले एक शांत, विनम्र व संयम से काम लेने वाला व्यक्ति था। उसके व्यवहार में आए बदलाव का कारण था 'मेनिया'

नामक मानसिक रोग। इस रोग को हिन्दी में 'मानसिक उन्माद' के नाम से जाना जाता है।

. . . .

> जानी-मानी हस्तियों जैसे लेखको में लार्ड बायरन, चार्ल्स डिकेन्स, अर्नेस्ट हेमिंग्वे, चित्रकारों में विन्सेट वान गॉग, संगीतकारों में रोबर्ट शूमान, ब्रिटेन के प्रधानमंत्री विंस्टन चर्चिल आदि भी इस मनोरोग से ग्रस्त थे।

मेनिया एक ऐसा मनोरोग है जिसमें व्यक्ति अति उत्साह की स्थिति में चला जाता है। यह रोग डिप्रेशन के विपरीत है। डिप्रेशन में जहां व्यक्ति उदास, सुस्त व कमजोर पड़ जाता है वहीं मेनिया में इंसान जरूरत से ज्यादा उत्साहित रहने लगता है।

> हर व्यक्ति का मूड समय के साथ बदलता रहता है। जैसे कभी वह खुश होता है तो कभी उदास। मूड का बदलना एक सामान्य अनुभव है। परंतु जब यह मूड जरूरत से ज्यादा खुश या उदास रहने लगे और व्यक्ति की आम जिंदगी पर बुरा असर डालने लगे तब यह मेनिया या डिप्रेशन जैसे मनोरोगों का सूचक हो सकता है।

मानसिक उन्माद से ग्रस्त व्यक्ति

लक्षण

यह रोग पुरुषों व स्त्रियों दोनों में हो सकता है। बच्चे भी इसका शिकार होते देखे गए हैं। लगभग सौ में से एक व्यक्ति इस रोग से ग्रस्त है। इस रोग के मुख्य लक्षण हैं :

- ❑ जरूरत से ज्यादा उत्साहित व खुश रहना।
- ❑ हर समय क्रोधित एवं रोष में रहना।
- ❑ दिमाग में विचारों का रेला सा आना। रोगी को ऐसा लगना जैसे कि चारों तरफ से उमड़-उमड़ कर बहुत से विचार दिमाग में आ रहे हों।
- ❑ जरूरत से ज्यादा बोलना व हंसना। बेमतलब अनजान लोगों से भी बातचीत करना।
- ❑ बड़ी-बड़ी बातें करना व अपने आपको दूसरों से बेहतर और शक्तिशाली समझना।
- ❑ बड़े-बड़े प्लान बनाना जो कि व्यक्ति की क्षमता से परे हों।
- ❑ सामाजिक, राजनैतिक एवं धार्मिक कार्यों में अचानक जरूरत से ज्यादा रुचि पैदा होना।
- ❑ दूसरों को फालतू के ऑर्डर देना जिसके पूरा न होने पर बहस व गुस्सा करना।
- ❑ नींद में कमी। पूरे दिन में एक या दो घंटे सोने के बावजूद रोगी का अपने आपको तरोताजा महसूस करना।
- ❑ फिजूलखर्ची व फालतू की खरीददारी करना।
- ❑ जरूरत से ज्यादा जिद्दी हो जाना।
- ❑ दूसरों के द्वारा समझाने-बुझाने पर बात न मानना व बहस करना।
- ❑ छोटी-छोटी बात पर लड़ना-झगड़ना व मारपीट करना।
- ❑ विचलन पैदा होना, एक जगह ध्यान न लगा पाना।
- ❑ चमक दमक वाले कपड़े पहनना, नए-नए फैशन करना, अपने आपको हीरो या हीरोइन जैसा समझना।
- ❑ यह मानने से इंकार कर देना कि उसे कोई मानसिक रोग है।
- ❑ काम-वासना में वृद्धि होना ।

- गंभीर अवस्था में रोगी अपनी वेशभूषा, आहार व शरीर की अवहेलना भी करने लगता है। कुछ में शक व भ्रम भी पैदा हो जाते हैं।
- अगर इस स्थिति का इलाज न कराया जाए तो यह दशा आमतौर पर 4 से 5 महीने तक बनी रह सकती है।
- एक बार मेनिया की बीमारी होने पर इसके भविष्य में होने का खतरा हमेशा बना रहता है (खासकर, अगर उचित इलाज न किया जाए)
- मेनिया की दशा ठीक होने पर कुछ रोगी आत्मग्लानि व अपराध के बोध से ग्रस्त रहने लगते हैं।

> कई बार मेनिया व डिप्रेशन दोनों किस्म की बीमारियां एक ही मरीज में होने लगती हैं, यानी एक बार वह मेनिया से ग्रस्त होता है तो दूसरी बार डिप्रेशन से। इस प्रकार के मानसिक रोग को उतार-चढ़ाव (मैनिक डिप्रेसिव डिसऑर्डर) या बाइपोलर डिसऑर्डर के नाम से भी जाना जाता है।

हिन्दुस्तान में मेनिया से ग्रस्त मरीज जानकारी के अभाव में लंबे समय तक इस बीमारी से जूझते रहते हैं। सही इलाज न मिल पाने पर ऐसे व्यक्तियों को बहुत-सी परेशानियां जैसे व्यापार में भारी नुकसान, आपसी संबंधों में खटास, कानूनी समस्याएं, साथी कर्मचारियों व अधिकारियों से झड़प, पारिवारिक समस्याएं आदि बुरी तरह से घेर लेती हैं।

रोग के कारण
(आखिर क्यों आ जाती है दिमाग में तेजी?)

इस मानसिक बीमारी के, अब तक ज्ञात कारण इस प्रकार हैं :

- **आनुवांशिक :** माता पिता से यह बीमारी बच्चों में आ सकती है। अगर माता व पिता दोनों ही इस बीमारी से ग्रस्त हों तो बच्चों में इसके होने की संभावना बहुत अधिक बढ़ जाती है। परंतु बच्चों में यह बीमारी अवश्य पैदा होगी, ऐसा जरूरी नहीं है ।
- **दिमाग में होने वाले रासायनिक बदलाव :** दिमाग के कुछ विशेष हिस्सों में रसायनों की मात्रा में आए बदलाव की वजह से यह रोग पैदा होता है। इस बदलाव को दवाओं की मदद से ठीक किया जा सकता है।

- कई बार दिमाग और शरीर में हो रही अन्य गंभीर बीमारियों व विशेष दवाओं के कुप्रभाव के कारण भी व्यक्ति मेनिया से ग्रस्त हो सकता है। कुछ दवाएं जैसे– ऐंटीडिप्रेसेंट, स्टीरायड़ आदि भी व्यक्ति को मेनिया की स्थिति में ला सकते है।
- कुछ स्थितियां जैसे मौसम में बदलाव, ज्यादा मानसिक तनाव या आघात आदि भी मेनिया पैदा कर सकती हैं।

क्या मेनिया का अटैक दोबारा आ सकता है ?

जी हां, एक बार मेनिया का अटैक आने पर व्यक्ति दोबारा फिर मेनिया से ग्रस्त हो सकता है। बिना इलाज की स्थिति में इस रोग से ग्रस्त व्यक्ति की जिंदगी में दोबारा कई अटैक आ सकते हैं। भविष्य में होने वाले अटैक डिप्रेशन के भी हो सकते हैं। दूसरे अटैक कितनी देर बाद आएंगे या फिर कितने गंभीर होंगे यह सब निश्चित तौर पर कहना थोड़ा मुश्किल होता है। परंतु ऐसा देखा गया है, जैसे-जैसे उम्र बढ़ती है वैसे-वैसे अटैक भी जल्दी-जल्दी आने लगते हैं और उनकी गंभीरता भी बढ़ती चली जाती है। उचित इलाज द्वारा इनका होना रोका जा सकता है।

इस बीमारी से संबंधित अन्य कुछ अवस्थाएं :

- **मिक्स टाइप :** इस रोग से ग्रस्त व्यक्ति में एकसाथ उदासी व मेनिया के लक्षण मौजूद रहते हैं। उदाहरण के लिए एक तरफ तो व्यक्ति बड़ी तेजी व उत्साह से काम कर रहा होगा, परंतु अंदर ही अंदर उसका जिंदगी के प्रति नजरिया नकारात्मक होगा।
- **रेपिड साइक्लर :** इस रोग में व्यक्ति एक साल के भीतर कम से कम चार बार मेनिया या डिप्रेशन का शिकार होने लगता है।
- **अल्ट्रारेपिड साइक्लर :** इस रोग में व्यक्ति में उदासी व मेनिया के लक्षण आपस में कुछ घंटों या दिनों के अंतराल में तेजी से बदलते रहते हैं। रोगी कुछ घंटों के लिए जरूरत से ज्यादा तेजी व खुशी में रहने के बाद उदासी महसूस करने लगता है और यह उदासी कुछ समय बाद फिर तेजी से बदल जाती है। यह अवस्था लगातार चलती रहती है।

यह बड़ी हैरानी की बात है कि इंसान का मूड भी रोग का शिकार हो सकता है। कभी वह डिप्रेशन के रूप में उदास होने लगता है तो कभी मेनिया की स्थिति में अनियंत्रित रूप से खुश।

कुछ महान व कामयाब हस्तियां जो अपने जीवन में इस रोग का शिकार हुईं :

- **लुडविग वान बिथोवन (Ludwig Van Beethovan) :** महान जर्मन संगीतकार
- **विंसटन चर्चिल (Winston Churchill) :** ब्रिटेन के भूतपूर्व प्रधानमंत्री
- **फ्रांसिस फोर्ड कोपोला (Francis Ford Coppola) :** महान फिल्म 'दी गोडफादर' के डायरेक्टर
- **जोन डेली (John Daly) :** पेशेवर गोल्फर
- **कैरी फिशर (Carrie Fisher) :** फिल्म 'स्टार वार' की अभिनेत्री
- **पैटी ड्यूक (Patty Duke) :** अभिनेत्री
- **जोन गिबसन (John Gibson) :** क्लासिकल पियानो वादक
- **लिंडा हैमिल्टन (Linda Hamilton) :** हालीवुड फिल्म 'टरमिनेटर-2' की अभिनेत्री
- **रोबर्ट लोवैल (Robert Lowell) :** अमेरिकन कवि
- **केट मिलैट (Kate Millet) :** अमेरिकन लेखक

(रोग के उपचार संबंधी जानकारी हेतु पढ़े पेज नं.-182)

बड़े-बड़े साधु-संत मन पर विजय न पा सके। क्रोध में आकर शाप देना, काम-वासना का शिकार होना मन की ही कमजोरी को दर्शाते हैं। मन भी शरीर की तरह थकता है, टूटता है और बीमार भी होता है।

सनकीपन, वहम की समस्या

पुराना जमाना गया, अब वहम का इलाज संभव है

. . . .

गीता उम्र 30 वर्ष एक विवाहित महिला है जो कि पिछले 5 वर्षों से सनक की बीमारी से पीड़ित है। उसके दिमाग में हमेशा यही डर बना रहता है कि कहीं उसके हाथ-पैर गंदे या फिर आस-पास का वातावरण दूषित न हो जाए। उसे धूल, मिटटी व कचरे से बेहद घिन्न आती है जिसके कारण वह अपनी रोज इस्तेमाल आने वाली चीजों जैसे चप्पल, बर्तन, कंघा, कपड़े आदि को बार-बार पानी से धोती रहती है। उसे लगता है कि कहीं आस-पास की गंदगी उसके शरीर में प्रवेश कर, उसे बीमार न कर दे। वह अपनी चीजों को किसी दूसरे के द्वारा इस्तेमाल होता देख बहुत परेशान हो जाती है। इसी सोच के कारण गीता ने दूसरों के घर जाना बहुत कम कर दिया है। सार्वजनिक व किसी दूसरे घर के शौचालय के इस्तेमाल करने के विचार मात्र से ही उसके मन में घबराहट पैदा हो जाती है। हर रोज वह 40 से 50 बार हाथ धोती है और हाथ धोने से पहले हर बार, 6 बार साबुन का लेप लगाती है। केवल नहाने में उसको 2-3 घंटों का समय लग जाता है। वह अपने बच्चों व पति को बिना हाथ धोए कोई भी काम करने नहीं देती और उनको रसोई में आने से पहले नहाने के लिए मजबूर करती है। गीता का पति और परिवार के सभी लोग उसके इस व्यवहार से बेहद परेशान हैं। गीता का पति आजकल उसे वहमी औरत कह कर पुकारने लगा है।

. . . .

वास्तव में गीता एक मानसिक रोग का शिकार है। जिसे आबसेसिव कम्पल्सिव डिसऑर्डर, (ओ.सी.डी.) के नाम से जाना जाता है। यह एक मानसिक रोग

है जिसमें व्यक्ति के दिमाग में फालतू के विचार, बहम, चित्र, वेग, शब्द आदि बार-बार आने लगते हैं जो कि उसकी इच्छा के विरुद्ध होते हैं। उसको पता होता है कि इन विचारों या बहमों का कोई मतलब नहीं है। वह इन विचारों को बार-बार रोकने की कोशिश करता है, परंतु फिर भी व इनसे मुक्ति प्राप्त करने में असफल रहता है। गीता भी जानती है कि उसका गंदगी, धूल व मिट्टी से डर बिल्कुल व्यर्थ है, परंतु रोग के कारण वह इस सनक से निजात पाने में नाकामयाब रहती है। यह एक ऐसा रोग है जो कि व्यक्ति की जिंदगी को कष्टमय बनाकर उसे असहाय महसूस करने पर मजबूर कर देता है।

आबसेसिव कम्पल्सिव डिसऑर्डर

बीमारी के लक्षण

- किसी भी चीज को छूने के बाद या बिना वजह ही बार-बार हाथ धोना।
- बार-बार तालों, बिजली के बटनों, पैसों के हिसाब-किताब आदि का निरीक्षण करना।
- इस सोच के साथ की कहीं बुरी घटना न घट जाए किसी चीज को बार-बार छूना।

- दिमाग में कुछ अंकों या शब्दों का बार-बार दोहराना।
- पुरानी किताबों-पत्रों, ढक्कनों, लिफाफों व अन्य छोटी-मोटी चीजों को बेकार में इकट्ठा करते रहना।
- वातावरण, लोगों व हवा से दूषित व गंदा होने का फालतू बहम पैदा होना।
- किसी को मारने या गाली देने जैसे फिजूल के विचार मन में पैदा होना।
- बार-बार ये बहम पैदा होना कि पता नहीं काम पूरा हुआ या नहीं।
- दिमाग में एक के बाद दूसरे विचारों का लगातार आना। वस्तुओं को किसी खास क्रम में रखने की सनक पैदा होना।
- दिमाग में कुछ खास गानों, डायलॉग या चित्रों का बार-बार आना।
- अपने प्रियजन की मौत का या फिर किसी अनहोनी घटना होने का विचार दिमाग में बार-बार आना।
- भगवान के प्रति गंदे ख्याल दिमाग में आना।

कब होती है यह बीमारी

यह समस्या किसी भी उम्र के व्यक्ति को हो सकती है। मगर 25 वर्ष की उम्र से पहले रोग होने की संभावना सबसे ज्यादा है। बच्चों में भी यह रोग पैदा हो सकता है। औरतों व पुरुषों में यह समस्या समान रूप से देखने में आती हैं। बुद्धिमान लोगों में इस रोग के होने की संभावना ज्यादा पाई जाती है।

क्यों होती है यह बीमारी

इस समस्या के निश्चित कारण अभी तक ज्ञात नहीं हैं। वैज्ञानिकों ने निम्नलिखित कारणों का वर्णन किया है :

1. **दिमाग में रासायनिक पदार्थों का असंतुलन :** दिमाग के कुछ खास हिस्सों में 'सैरोटोनिन' नामक रसायन की मात्रा में गड़बड इसका कारण हो सकती है।
2. **आनुवांशिक कारण :** माता पिता से यह बीमारी बच्चों में आ सकती है। रोगी के परिवार के नजदीकी सदस्यों (रक्त से जुड़े) जैसे सगे भाई-बहन आदि में रोग के होने की संभावना आम व्यक्ति की तुलना में बढ़ जाती है।

3. **मानसिक तनाव :** किसी भी कारण से पैदा हुआ मानसिक तनाव या दबाव इस रोग को उजागर कर सकता है या फिर इसे बढ़ा सकता है।

बीमारी से जुड़े अन्य लक्षण

- ओसीडी के रोगी निराशा, दुख व तनाव से भी ग्रस्त हो सकते हैं।
- कुछ में जरूरत से ज्यादा घबराहट या डर की समस्या पैदा हो सकती है।
- अपनी समस्या पर कंट्रोल करने हेतु कुछ लोग नशे का भी शिकार हो जाते हैं।
- यह बीमारी अन्य मानसिक रोगों जैसे– फोबिया, डिप्रेशन आदि के साथ भी पैदा हो सकती है।

कुछ महान व कामयाब हस्तियां जो अपने जीवन में इस रोग का शिकार हुईं :

- **आरमी हेक्रलिंग (Army Heckerling) :** एक लेखक व निर्देशक। Culess, Look who's Talking जैसी कृतियां इस लेखक की देन हैं।
- **होवी मेंडल (Howie Mandel) :** अपने जमाने का मशहूर कोमेडियन
- **रोजऐनी बार (Roseanne Barr) :** नायिका
- **मार्क समर (Marc Summer) :** मशहूर टीवी कलाकार
- **हावर्ड स्टर्न (Howard Stern) :** मशहूर रेडियो कलाकार
- **डॉ. शैम्यूल जान्सन (Dr. Samuel Johnson) :** एक कवि व निबंधकार। इस लेखक ने दुनिया को "The Dictionary of English Language" व "The Lives of Poets" जैसी कृतियां दीं।

(रोग के उपचार संबंधी जानकारी हेतु पढ़े पेज नं.-185)

बुढ़ापे में ठप्प होता दिमाग़

डिमैन्शिया (मनोभ्रंश) की बीमारी

68 वर्षीय मनोहर लाल की याददाश्त में पिछले कुछ सालों से लगातार गिरावट आ रही थी। उनका बड़ा बेटा जो कि उन्हीं के साथ कपड़े का व्यापार करता था को भी मनोहर लाल की याददाश्त व हरकतों में कुछ फर्क महसूस होने लगा था, परंतु यह समझ कर कि बढ़ती उम्र का असर है, इन लक्षणों पर ध्यान नहीं दिया गया। धीरे-धीरे मनोहर लाल की याददाश्त काफी कमजोर होने लगी। अपना सामान, जूते, चाबी, पर्स आदि रखकर भूलना, ग्राहकों से पैसे के लेन-देन में भूलचूक, हिसाब-किताब में बार-बार गलतियां जैसी समस्याओं से उनकी रोजमर्रा की जिंदगीं में काफी परेशानी होने लगी। इसी के चलते मनोहर को छोटी-छोटी बातों पर गुस्सा भी आने लगा। ऐसे हालात को देखते हुए उनका दुकान पर आना छुड़वा दिया गया और वह सारा दिन घर पर रहने लगे।

डिमैन्शिया से ग्रस्त व्यक्ति

धीरे-धीरे उनके दिमाग की क्षमता और भी ठप होने लगी। अपने घर वालों के नाम भूलना, घर का रास्ता भटकना, बाथरूम की जगह रसोई

में चले जाना, अपने कपड़े व जूते आदि अलमारी की जगह फ्रीज में रख देना, रात को उठकर खाने की मांग करना, एक बात को बार-बार दोहराना आदि समस्याएं आम हो गईं। कुछ साल पहले जो व्यक्ति अकेला अपने दम पर सारा कारोबार देख रहा था अब घर के एक छोटे से कमरे में अपनी जिंदगी के बाकी दिन काट रहा था। उनका शरीर काफी कमजोर हो चुका था, पेशाब भी कपड़ों में करने लगे थे और अपने आम दिनचर्या के कार्यों में वो बिलकुल असहाय हो चुके थे। परिवार वाले "ये तो सठिया गए हैं" कह कर अपने मन की तसल्ली कर लेते, परंतु सबसे ज्यादा परेशानी उनकी बहू को उठानी पड़ती है, जो कि पूरा-पूरा दिन मनोहर लाल की सेवा में लगी रहती है।

. . . .

मनोहर लाल कुछ और नहीं बल्कि एक दिमागी बीमारी जिसे डिमैन्शिया (मनोभ्रंश) कहते हैं, से ग्रस्त हैं। भारतीय समाज में इस समस्या को अकसर लाईलाज समझ लिया जाता है, परंतु इस रोग से जूझने के लिए आज कई दवाइयां व व्यावहारिक उपचार उपलब्ध हैं।

क्या है डिमैन्शिया की बीमारी

वृद्धावस्था (60 वर्ष से ज्यादा) में होने वाला मानसिक क्षमताओं का ह्रास जिसके कारण व्यक्ति की याददाश्त, सूझ-बूझ, सोच-विचार, नया सीखने की क्षमता व नई परिस्थितियों में ढल पाने की योग्यता आदि में जरूरत से ज्यादा कमी आने लगती है, डिमैन्शिया की बीमारी का सूचक है। हालांकि उम्र बढ़ने के साथ हर व्यक्ति की मानसिक व शारीरिक क्षमताओं में कमी आने लगती है, परंतु यह कमी व्यक्ति की आम जिंदगी में कोई बड़ी परेशानी पैदा नहीं करती। उदाहरण के लिए अगर कोई 65 वर्षीय व्यक्ति कभी-कभार अपने किसी रिश्तेदार का नाम या फिर जरूरी वस्तु कहीं पर रखकर भूल जाता है, तो यह समस्या जरूरी नहीं रोग का सूचक हो। थोड़ा जोर डालने पर वह उन स्थितियों को दोबारा याद भी कर लेता है। परंतु इस रोग से ग्रस्त व्यक्ति जरूरत से ज्यादा भूलने लगता है और दोबारा याद करने की क्षमता खो देता है। डिमैन्शिया में व्यक्ति बच्चों जैसा व्यवहार करने को मजबूर हो जाता है। बच्चा तो उम्र के साथ अपनी मानसिक क्षमताओं का विकास करता जाता है, परंतु इस रोग से पीड़ित व्यक्ति की उम्र बढ़ने के साथ-साथ स्थिति और गंभीर होती जाती है।

रोग के कारण

इस रोग के दो मुख्य कारण हैं :

1. **दिमाग का सिकुड़ना** : यह अल्जीहमर (Alzheihmer Disease) नामक बीमारी की वजह से होता है जिसमें दिमाग की कोशिकाओं की मृत्यु होने के कारण दिमाग का आकार छोटा होने लगता है। साथ ही दिमाग में "एसीटाइल कोलीनएस्टेरेज" नामक रसायन भी कम होने लगता है।
2. दूसरा कारण है **दिमाग को पोषण देने वाली खून की वाहिकाओं में कत्थों का जमना।** भारत में डिमैन्शिया के सभी कारणों में यह एक प्रमुख कारण है।

अन्य समस्याएं जैसे थायराइड की समस्या, एड्स, पारकिन्सोनिजम, विटामिन बी-12 की कमी, सिर की गंभीर चोट भी इस रोग का कारण बन सकती है।

लक्षण

- यादाश्त में कमी : नई बातें याद रखने में दिक्कत। तारीख, टेलीफोन नंबर व पैसे का हिसाब-किताब याद रखने में समस्याओं का पैदा होना। धीरे-धीरे पुरानी बातों का भूलना। अल्जीहमर नामक बीमारी से पैदा हुए डिमैन्शिया में याददाश्त का क्षय बहुत धीरे-धीरे होता है जिसका की कई बार वर्षों तक पता नहीं चलता।
- जगह व समय के बोध में कमी : उदाहरण के लिए सुबह को शाम समझ लेना, रसोई को बाथरूम की तरह इस्तेमाल करने लगना, घर का रास्ता भूल जाना आदि।
- आस-पास की आम वस्तुओं का नाम भूल जाना जैसे चश्मा दिखाने पर यह न बता पाना कि वह क्या है।
- बाजार से गैर जरूरी चीजें खरीद लाना।
- व्यक्तित्व में बदलाव : जरूरत से ज्यादा चुप रहना या फिर बहुत चिड़चिड़ा या शक्की स्वभाव पैदा होना।
- उलटी-सीधी ओपरी चीजें दिखाई देना या फिर कानों में ओपरी आवाजें आना। ऐसा 30 प्रतिशत रोगियों में देखा गया है।
- एक बात को बार-बार दोहराना, बेमतलब की बातें करना, बिना समय मजाक कर देना, कपड़े उलटे-पुलटे डाल लेना, चीजें इधर-उधर रख देना।

- ❑ बुनियादी काम करने की क्षमता जैसे नहाना, कपड़े पहनना, भोजन करना आदि में कमी आना।
- ❑ अचानक से अपने आप पर नियंत्रण खो देना। बेचैन होना, चिल्लाना व गुस्से में मार-पीट कर देना।
- ❑ कपड़ों में या खुले में ही शौच कर देना। ऐसा अकसर बीमारी की अंतिम अवस्थाओं में होता है।
- ❑ बोलने में दिक्कत, चक्कर आना, वजन में गिरावट, नींद में परेशानी आदि लक्षण भी इस बीमारी में पैदा हो सकते हैं।

एक मरीज में ये सारे लक्षण एक साथ मौजूद हों ऐसा जरूरी नहीं है। डिमैन्शिया के हर रोगी के अपने अलग-अलग लक्षण हो सकते हैं।

> अगर यह रोग अल्जीहमर नामक बीमारी की वजह से है तो रोगी की 1 से 20 वर्ष के भीतर मृत्यु हो जाती है। इस रोग के 50 वर्ष से पहले होने पर इसका ज्यादा गंभीर रूप सामने आता है। अमेरिका के भूतपूर्व राष्ट्रपति रोनाल्ड रीगन इसी रोग का शिकार हो गए थे। हिन्दी फिल्म ब्लैक में अमिताभ बच्चन को इसी रोग से ग्रस्त दिखाया गया है।

कुछ महान व कामयाब हस्तियां जो अपने जीवन में इस रोग का शिकार हुईं :

- **रोनाल्ड रिगन (Ronald Regan) :** अमेरिका के भूतपूर्व राष्ट्रपति।
- **चार्टल्न हेस्टन (Chartlon Heston) :** ऑस्कर पुरस्कार से सम्मानित मशहूर अभिनेता।
- **हारोल्ड विलसन (Harold Wilson) :** ब्रिटेन के भूतपूर्व प्रधानमंत्री।
- **टॉम फियर्स (Tom Fears) :** फुटबाल खिलाड़ी
- **रॉस मैक्डॉनाल्ड (Ross Mcdonald) :** मशहूर लेखक।
- **पेरी कोमो (Perry Como) :** गायक

(रोग के उपचार संबंधी जानकारी हेतु पढ़े पेज नं.-187)

बीमारी होने का वहम (हाईपोकांड्रेसिस)

''मुझे कोई बीमारी जरूर है, आप मानो या न मानो''

. . . .

मंजू एक 37 वर्षीया महिला है जो कि अपने चिकित्सक से कुछ इस प्रकार कह रही है ''डॉ. साहब पिछले पांच साल से मैं हर तरह के डॉक्टर से मिल चुकी हूं, हर तरह की जांच भी करा चुकी हूं परंतु मेरी बीमारी किसी की पकड़ में नहीं आ सकी। सभी कहते हैं कि मुझे कोई बीमारी नहीं है, पर हो न हो यह मेरी सारी परेशानियां पेट में मौजूद ट्यूमर (कैंसर) की वजह से हैं। मंजू कई सालों से पेट में जलन, दर्द, बदहज़मी जैसी परेशानियों से ग्रस्त है। इन्हीं के चलते वो न जाने कितनी ही बार पेट का X-Ray व CT स्कैन करा चुकी है। पिछले 6 महीने में दो बार MRI व तीन बार एंडोस्कोपी भी करा चुकी हैं। हर बार की गई जांच की रिपोर्ट सामान्य पाई जाती है। अच्छे से अच्छे चिकित्सक मंजू को बता चुके हैं कि उन्हें कोई बीमारी नहीं, केवल मन का वहम है। परंतु डाक्टर के मुख से यह शब्द निकलते ही कि ''आपको केवल बीमारी का वहम है'', मंजू किसी दूसरे चिकित्सक के पास जाने की जिद करने लगती है। हर बार चिकित्सक से मिलते समय उसके हाथ में एक बैग होता है जो कि X-Ray, CT स्कैन व अन्य जांचों की रिपोर्टों से भरा होता है। मंजू को ज्यादातर समय पेट में चुभन व दर्द का-सा आभास होता है और वह हर रोज 3-4 घंटे अपने पेट को दबा-दबा कर देखने में गुजारती है। हालांकि इन सब चीजों के चलते मंजू अपने सारे काम व जिम्मेदारियां लगभग ठीक ढंग से निभा रही है, परंतु पेट में कैंसर या रसौली होने का वहम उसे हमेशा परेशान किए रखता है।

. . . .

जिस प्रकार मंजू को पेट में ट्यूमर होने का बहम है, उसी प्रकार गुप्ता जी अपने आपको दिल का रोगी मानते हैं। उन्हें अकसर दिल के तेज धड़कने व घबराहट की शिकायत रहती है। वह कभी-कभी घबराकर रोने भी लगते हैं। मंजू की तरह वह भी कई डॉक्टरों व जांचों के दौर से गुजर चुके हैं और हर बार सब कुछ सामान्य पाया जाता है।

ऊपर दिए गए दो उदाहरणों में मंजू व गुप्ता जी दोनों हाइपोकांड्रेसिस अर्थात् 'बीमारी होने का वहम' नामक मानसिक समस्या से ग्रस्त हैं।

ज्यादातर इस प्रकार के केस काफी समय बाद मनोचिकित्सक तक पहुंचते हैं, क्योंकि ऐसा व्यक्ति कभी भी अपने आप को मानसिक रोगी या वहम की समस्या से ग्रस्त नहीं मानता।

ऊपर दिए गए उदाहरणों में जिन लक्षणों को दर्शाया गया है वो सभी लक्षण दुश्चिन्ता व मानसिक तनाव की स्थिति में भी पैदा हो सकते हैं, परंतु मानसिक तनाव व चिंता रोग में पैदा होने वाले लक्षण अस्थायी होते हैं और बदल-बदल कर कई रूपों में प्रकट होते हैं। वहम की बीमारी में लक्षण स्थिर होते हैं। इस मानसिक रोग में बीमारी का वहम इतना गहरा होता है कि लाख समझाने पर भी दिमाग से नहीं निकलता। इस समस्या से पीड़ित व्यक्ति अकसर एक डॉक्टर से दूसरे डॉक्टर के चक्कर काटता रहता है।

बीमारी के वहम से ग्रस्त महिला

यह मानसिक रोग अकसर बीस से तीस साल की उम्र के बीच पैदा होना शुरू हो जाता है। आदमी व औरत दोनों में यह समस्या समान रूप से पाई जाती है।

इस समस्या के मुख्य लक्षण हैं

- व्यक्ति अपने शरीर में परेशानियां जैसे- पेट में तनाव, तेज धड़कन, दर्द, कमजोरी, सांस फूलना आदि महसूस करने लगता है।
- इन परेशानियों या लक्षणों को वह किसी गंभीर शारीरिक बीमारी जैसे कैंसर, एड्स, अल्सर आदि के कारण पैदा हुआ बताता है।
- कई बार शरीर में हो रही सामान्य क्रियाओं जैसे पसीना आना, गैस का बनना आदि को ही मरीज रोग का लक्षण समझने लगता है।
- व्यक्ति के जहन में एक बार यह विचार आने पर कि उसे कोई गंभीर शारीरिक रोग है, धीरे-धीरे वहम का रूप धारण कर लेता है। वह हमेशा उस बीमारी के बारे सोचने लगता है जो कि वास्तविकता में उसके शरीर में मौजूद नहीं होती।
- व्यक्ति बार-बार डॉक्टर के पास जाता है और तरह-तरह की जांच-पड़ताल करवाता है। परंतु हर बार सब कुछ सामान्य पाया जाता है।
- जांच-पड़ताल में कोई छोटी-मोटी गड़बड़ आने पर मरीज उसको बहुत ज्यादा महत्त्व देने लगता है, जबकि डॉक्टर उस रिपोर्ट को कोई खास महत्व नहीं देते।
- व्यक्ति डॉक्टर के लाख समझाने पर भी, अपने आप को रोगी ही मानता है और डॉक्टर व सामान्य आ रही रिपोर्टों पर विश्वास नहीं करता।
- जैसे-जैसे समय बढ़ता है रोगी का वहम और गहरा होता चला जाता है। वह कुछ ही सालों में आस-पास के सभी मशहूर डॉक्टरों को कम से कम एक बार तो मिल ही चुका होता है।
- इस मानसिक रोग से ग्रस्त व्यक्ति दुश्चिंता व उदासी के लक्षणों से भी ग्रस्त होते देखे गए हैं।
- किसी भी प्रकार का मानसिक तनाव या टेंशन जैसे घरेलू झगड़े आदि व्यक्ति के लक्षणों को और बढ़ा देते हैं।

- आमतौर पर इस मानसिक बीमारी के लक्षण कुछ महीनों या साल भर तक रहने के बाद काफी समय तक दबे रहते हैं। कोई टेंशन या तनाव होने पर ये लक्षण दोबारा उभर आते हैं।

क्यों होता है यह रोग

- आमतौर पर यह रोग उन लोगों में होता है जो कि शरीर में हो रहे छोटे-मोटे कष्टों को बर्दाश्त करने की ताकत नहीं रखते। उदाहरण के लिए खाना खाने के बाद पेट में पैदा हुआ हलका-सा दबाव भी इन लोगों को पेट-दर्द के रूप में नजर आने लगता है। ये लोग शरीर में हो रही छोटी-छोटी क्रियाओं पर अपना ध्यान लगाए रखते हैं और उन्हीं को रोग का लक्षण समझने लगते हैं।
- कई बार व्यक्ति आपने आप को रोगी समझकर अंदर ही अंदर राहत महसूस करता है, क्योंकि रोगी बन जाने पर वह जिंदगी में आ रही अनेक प्रकार की परेशानियों व जिम्मेदारियो से छुटकारा पाने में कामयाब हो जाता है। घर के सभी लोग रोगी की तरफ विशेष ध्यान देने लगते हैं जिसके कारण वह आंतरिक तौर पर काफी संतुष्टि महसूस करने लगता है। इसी सब के चलते रोगी का बीमारी का वहम सालों साल बना रहता है।
- कुछ मनोचिकित्सक इसे उदासी की बीमारी का दूसरा रूप भी समझते हैं।

> 'मेरी बीवी की शादी' नामक हिन्दी फीचर फिल्म में अमोल पालेकर को इसी रोग से ग्रस्त होता दिखाया गया है।

- कई मनोवैज्ञानिक मानते हैं कि इस प्रकार के रोगियों के अवचेतन मन में कुछ भावनाएं जैसे गुस्सा, अपराध बोध, आदि जरूरत से ज्यादा होती हैं जो कि धीरे-धीरे शारीरिक परेशानियों का रूप धारण कर लेती हैं।

(रोग के उपचार संबंधी जानकारी हेतु पढ़े पेज नं.-189)

जन्म से लेकर मृत्यु तक व्यक्ति की जिंदगी में 5 से लेकर 50 फीसदी तक कई ऐसे दौर आते हैं जब वह मन से बीमार हो सकता है (यानी मनोरोग का शिकार हो सकता है)।

सोमेटाइजेशन डिसऑर्डर

'कभी यहां दर्द तो कभी वहां दर्द'
(यानी मन द्वारा शरीर को रोगी बनाना)

. . . .

शोभा से ज्यादातर लोग इसलिए मिलना पंसद नहीं करते, क्योंकि जब भी वह किसी से मिलती है तो अपना वही पुराना राग अलापने लगती है कि "मेरा तो सारा शरीर अंदर से कमजोर हो गया है, सारा दिन टांगों और बाजुओं में दर्द रहता है, कपड़े भी खूंटी पर टांग नहीं सकती, हर समय हाथ और पैर सुन्न रहते हैं, जरा-सा काम नहीं कर सकती, कभी जी कच्चा होने लगता है और खट्टी डकार आने लगती है। अच्छे-अच्छे डॉक्टरों को भी दिखा दिया, किसी के बीमारी पकड़ में नहीं आई। पता नहीं क्या हो गया मेरे शरीर को, मैं तो बस खत्म-सी हो गई हूं"। शोभा की बड़ी बहन के पति जो एक डॉक्टर हैं उसे तरह-तरह की दवा दे चुके हैं, परंतु उसकी शरीर की समस्याएं वैसी की वैसी ही बनी रहती हैं। शोभा को हर समय कोई ऐसा इंसान चाहिए जो उसके शारीरिक कष्टों को सुनता रहे। मानसिक तनाव आने पर उसकी शारीरिक समस्याएं और ज्यादा बढ़ जाती हैं। शोभा की यह समस्या कई सालों से लगातार चली आ रही है। कुछ हफ्ते पहले शोभा के पति उसे किसी बड़े शहर के मशहूर DM डॉक्टर को दिखाने के लिए पहुंचे। फिर से जांचों का नया सिलसिला शुरू हो जाता है। सभी रिपोर्ट सामान्य पाई जाती है। शोभा को कुछ विटामिन लिख दिए जाते हैं और दोनों घर की ओर वापस चल देते हैं। शोभा को उस दवा से आराम मिलता है, परंतु कुछ दिनों बाद समस्या फिर से आ जाती है।

. . . .

शोभा को कोई विशेष शारीरिक रोग नहीं है बल्कि एक मानसिक रोग है जिसे सोमेटाइजेशन डिसऑर्डर के नाम से जाना जाता है। यह कई शारीरिक लक्षणों वाला मानसिक विकार है जो कि 30 वर्ष की आयु से पहले आरंभ होता है और कई वर्षों की अवधि तक रह सकता है। पुरुषों की अपेक्षा यह रोग औरतों में ज्यादा पाया गया है।

मुख्य लक्षण

- कई सालों से तरह-तरह के शारीरिक लक्षणों का मौजूद होना जैसे : पेट-दर्द, सिर-दर्द, मांसपेशियों में अकड़ाव, डकार, उलटी आना, जी कच्चा होना, हाथ-पैरों में या शरीर के अन्य हिस्सों में सुन्नपन व जलन, शरीर में कीड़ियों का-सा चलना या खुजली महसूस होना।
- ये सभी लक्षण हमेशा एक जैसे नहीं रहते। समय के साथ बदलते रहते हैं। जैसे कुछ हफ्ते पेट में दर्द है तो अगले हफ्ते कंधों या कमर में दर्द होना शुरू हो जाता है।
- कई बार यौन व माहवारी संबंधी समस्याएं भी पैदा हो जाती हैं।
- इन सभी लक्षणों के पीछे किसी भी खास शारीरिक बीमारी का नहीं पाया जाना।
- बहुत से चिकित्सकों द्वारा देखे जाने व समझाए जाने के बावजूद भी समस्याओं का बना रहना।
- इन सभी समस्याओं के चलते व्यक्ति सामाजिक व पारिवारिक ज़िम्मेदारियों को निभा पाने में कठिनाई महसूस करने लगता है।
- इस रोग से पीड़ित व्यक्तियों में उदासी व दुश्चिन्ता के लक्षण भी पैदा हो सकते हैं।
- इस रोग से पीड़ित व्यक्ति अपनी समस्याओं को बहुत बढ़ा चढ़ा कर पेश करता है।

कारण

- कुछ लोग अपने मन के कष्टों को सीधा-सीधा व्यक्त न करके अलग-अलग शारीरिक तकलीफों के जरिए व्यक्त करने लगते हैं। मानसिक परेशानियों को इस प्रकार व्यक्त करने का सारा खेल अवचेतन मन द्वारा रचा जाता है। यह सब कोई जान-बूझकर नहीं करता।

- एक इंसान अपनी नौकरी से दुखी है तो दूसरा अपने परिवार से। अगर किसी कारण व्यक्ति दुख की इन भावनाओं की अभिव्यक्ति को बाहर न निकाल पाए तो उसका मन कुंठा से भरने लगता है। धीरे-धीरे जमा हुई यही कुंठा शारीरिक कष्टों व दर्दों को जन्म देने लगती है। अलग-अलग डॉक्टरों से मिलने पर रोगी को अपने मन के कष्टों को शारीरिक रूप में अभिव्यक्त करने का मौका मिल जाता है। परिवार वालों व डॉक्टरों द्वारा जाने-अनजाने दी गई सहानुभूति धीरे धीरे रोग को ठोस रूप देती है। भावनाओं को व्यक्त करने का पूरा मौका न मिल पाने के कारण यह रोग औरतों में ज्यादा मिलता है।
- कुछ अध्ययनों ने दर्शाया है कि जो लोग इस मानसिक रोग से पीड़ित हैं उनमें, शरीर के अलग-अलग हिस्सों से दिमाग तक पहुंच रही अनुभूति में कुछ विशेष बदलाव आ जाता है। इसके कारण इन व्यक्तियों में आम होने वाली अनुभूति भी दर्द या कष्ट का सा एहसास देने लगती है।

(रोग के उपचार संबंधी जानकारी हेतु पढ़े पेज नं.-191)

क्या हैं आखिर हिस्टीरिया के दौरे?

जानिए व समझिए

35 वर्षीया प्रभा संयुक्त परिवार में रहती हैं, जिसका पति अपने भाइयों में सबसे बड़ा है। बड़ा होने के नाते पर उनके पति पर घर चलाने की सारी जिम्मेदारी है। प्रभा अपने बच्चों को अच्छी शिक्षा देने के लिए आस-पास के किसी अच्छे शहर में बसना चाहती है। इसी इच्छा के चलते वह अपने पति से कई बार बहस कर चुकी है, परंतु वह ऐसा करने के लिए बिल्कुल भी तैयार नहीं है। अपने सास-ससुर से डर के मारे वह कभी इस विषय पर बात न कर सकी। अपनी इच्छा पूरी होते न देख प्रभा थोड़ी परेशान रहने लगी और एक दिन अचानक बेहोश हो गई। बेहोशी के कुछ देर बाद उसने हाथों-पैरों को इधर-उधर पटकना शुरू कर दिया और पूरा शरीर अकड़ा लिया। परिवार के सभी लोग

बेहोशी का व्यवहार करती हुई एक महिला

उसके चारों ओर एकत्रित हो गए। उसे तुरंत चिकित्सक के पास ले जाया गया और कुछ जांचें की गईं। सभी रिर्पोट्स सामान्य पाईं गई और उसकी समस्या को हिस्टीरिया का दौरा बताया गया। चिकित्सक की सहायता से उसके मन की उलझन को पति व सास-ससुर से बात-चीत करके सुलझाया गया जिसके बाद प्रभा पहले की तरह सामान्य हो गई।

इसी प्रकार श्वेता उम्र 21 वर्ष, इंजीनियरिंग कालेज में अंतिम वर्ष की छात्रा है और ज्यादातर समय अपनी पढ़ाई-लिखाई में व्यस्त रहती है। एक दिन अचानक खाना खाते समय उसके हाथ-पैर सुन्न हो गए और जुबान बंद हो गई। मम्मी-पापा बेहद घबरा गए और उसके हाथों-पैरों की मालिश करने लगे। उसे तरह-तरह के पेय पदार्थ भी पिलाए गए। परंतु स्थिति में कोई सुधार न होते देख श्वेता को चिकित्सक के पास ले जाया गया। जांच पड़ताल में कुछ न मिलने पर उसको मनोचिकित्सक के पास भेज दिया गया। मनोचिकित्सक ने कुछ खास तरीके अपना क़र उसकी समस्या को तुरंत दूर कर दिया और वह पहले की तरह बोलने लगी। वास्तव में श्वेता की अपने कालेज के किसी छात्र से गहरी दोस्ती थी। कुछ दिन पहले किन्हीं कारणों से इन दोनों के बीच गंभीर मतभेद आ गए थे। अपनी इस उलझन को किसी से न कह पाने के कारण श्वेता परेशान रहने लगी और एक दिन हिस्टीरिया नामक समस्या का शिकार हो गई। इस केस में मनोचिकित्सक ने श्वेता की स्थिति को तुरंत समझकर उसे अपने मन की बातें कागज पर लिखने के लिए कहा। जैसे-जैसे वह अपने मन की बातें कागज पर लिखती चली गई वैसे-वैसे उसका मन भी हलका होने लगा और थोड़ी ही देर में वह सामान्य होकर बोलने लगी। बाद में कॉउंसलिंग (बात-चीत) के द्वारा समझाने-बुझाने की प्रक्रिया पूरी होने पर श्वेता पूरी तरह से ठीक हो गई।

. . . .

न जानें कितनी औरतें व लड़कियां अपने मन की कुंठाओं, दबी इच्छाओं, परेशानियों व उलझनों को सीधा व्यक्त न कर पाने के कारण हिस्टीरिया के रूप में प्रदर्शित करती हैं। बहुत पता करने के बाद भी, कई बार उनके मन की बातों को जान पाना मुश्किल हो जाता है और यह समस्या लंबे समय तक चलती रहती है। एक तरह से हिस्टीरिया परेशान मन की आवाज है।

हिस्टीरिया का अर्थ आम तौर पर ''बेहोशी के दौरे आना'' के रूप में माना जाता है, परंतु इसके कई रूप हैं। अज्ञानता वश जनसाधारण में यह धारणा व्यापक रूप से प्रचलित है कि विभिन्न अलौकिक शक्तियों, भूत पिशाचों, मृतात्माओं आदि के प्रभाव के कारण यह बीमारी होती है। वास्तव में यह रोग मानसिक स्तर पर हो रही समस्या के कारण होता है। भारत में यह रोग विवाहित महिलाओं में ज्यादा पाया जाता है। 5 वर्ष के बच्चों से लेकर पुरुषों तक में यह बीमारी पाई गई है। इस रोग के होने की संभावना 10 से 30 वर्ष तक की आयु के बीच सबसे ज्यादा है। मनोचिकित्सा में हिस्टीरिया को डिसोसिएटिव डिसऑडर्स के नाम से जाना जाता है।

रोग के लक्षण

1. **दौरे पड़ना :** इसमें तरह-तरह के लक्षण एकसाथ या अलग-अलग हो सकते हैं, जैसे– सांस का तेज गति से या फिर कठिनाई से चलना, इधर-उधर हवा में हाथ-पैर मारना, कई-कई घंटों तक बेहोश रहना, मुट्ठियां कस जाना, आंखें बंद पर पुतलियां हिलते रहना आदि। ये दौरे मिरगी के दौरों से अलग होते हैं। मिरगी के दौरों में होने वाले लक्षण जैसे जीभ कटना, मुंह से झाग का निकलना, चोट लगना, कपड़ों में ही शौचादि हो जाना, आमतौर पर हिस्टीरिया के दौरों में नहीं पाए जाते।
2. **भूतावेश अवस्था :** इसमें ऐसा आचरण करता है मानो उसमें किसी देवी, आत्मा या भूत का वास हो गया हो एवं उसमें वरदान या दंड देने की

देवी या आत्मा के आने का व्यवहार करती हुए एक महिला

शक्तियां आ गई हों। उसकी आवाज भी बदल जाती है। दर्शकों की बड़ी भीड़ उसके इर्द-गिर्द इकट्ठा हो जाती है और लोग उससे कृपा-याचना करने लगते हैं। ज्यादा लंबे समय तक चल रहे इस विकार का ठीक होना काफी मुश्किल हो जाता है। वास्तव में घर के सदस्यों द्वारा मरीज के प्रति दिया गया ध्यान व पूजा-पाठ इस विकार को लंबे समय तक बनाए रखता है।

3. **अंगघात :** इसमें शरीर के एक या अधिक अंगों जैसे हाथ, पैर, कंधों आदि में दुर्बलता की दशा प्रकट होने लगती है, जिसका संबंध किसी भी शारीरिक विकृति या रोग से नहीं होता। कभी-कभी ऐसा भी लगने लगता है मानो शारीरिक अंग ने काम करना बंद कर दिया हो। कई बार चिकित्सक के लिए भी असली अंगघात व हिस्टेरिकल अंगघात में अंतर कर पाना कठिन हो जाता है।

4. **मूकता व अस्वरता :** इन दशाओं में रोगी कुछ भी नहीं बोल पाता, परंतु वह बिना किसी परेशानी के फुसर-फुसर कर सकता है और लिखकर या हाथों के इशारों से अपनी बात बता सकता है। जांच करने पर रोगी की जीभ, होंठ, स्वर-रज्जु आदि सब अंग सामान्य रूप से काम कर रहे होते हैं।

   इसके अलावा अन्य कई लक्षण जैसे– निगलने में कठिनाई होना, हिचकी आना, किसी सदमे के बाद याद्दाश्त खो देना, अपनी पहचान भूल एक जगह से दूसरी जगह चल देना, एक ही इंसान में दो या दो से अधिक अलग-अलग व्यक्तित्व का उजागर होना, शरीर के किसी अंग में संवेदना का अचानक खत्म हो जाना आदि भी हिस्टीरिया में हो सकते हैं।

   यह बात विशेष ध्यान देने योग्य है कि कुछ मामलों को छोड़कर आमतौर पर हिस्टीरिया से ग्रस्त महिला बीमारी का कोई बहाना नहीं करतीं। यह रोग जान बूझकर पैदा नहीं किया जा सकता। वे नहीं जान पाती कि उनके साथ क्या हो रहा है। कई बार हिस्टीरिया को रोगी का एक बहाना समझ उससे गलत ढंग से पेश आने पर यह रोग और अधिक गंभीर रूप ले सकता है।

क्यों पैदा होता है हिस्टीरिया (कारण)

किसी जटिल समस्या में उलझा मन जब कोई समाधान नहीं खोज पाता तब एक मानसिक संघर्ष की स्थिति पैदा हो जाती है। ऐसी स्थिति में अगर कोई व्यक्ति अपने इस मानसिक संघर्ष से जूझ ना पाए या फिर उस समस्या को किसी तरह व्यक्त न कर पाए तब परेशान मन 'हिस्टीरिया' द्वारा अपनी समस्याओं से बचने या उनको अभिव्यक्त करने का तरीका ढूंढ़ लेता है। अकसर स्त्रियां सामाजिक व घरेलू स्थितियों के चलते अपनी इच्छाओं व भावनाओं को व्यक्त नहीं कर पाती और फलस्वरूप उनके मन में अनेक प्रकार के आन्तरिक संघर्ष पैदा हो जाते हैं। अवचेतन मन में चल रहे यही संघर्ष हिस्टीरिया का कारण बनते हैं। हिस्टीरिया पूर्णतया अवचेतन मन का खेल है। उदाहरण के तौर पर एक सुशिक्षित महिला का पति अच्छी पोस्ट पर होने के बावजूद हर एक छोटी-छोटी बातों के लिए अपने माता-पिता पर निर्भर रहता था। इसे पत्नी अपनी उपेक्षा समझ बेचैन रहने लगी और हालात के चलते अपनी यह भावना किसी से भी व्यक्त नहीं कर पाई। कुछ समय बाद वह स्त्री हिस्टीरिया के दौरों का शिकार हो गई। इस रोग को 'मदद के लिए चिल्लाना' के रूप में भी समझा जा सकता है। कोई भी व्यक्ति दुखी है, परेशान है, परंतु फिर भी उसकी उपेक्षा की जा रही हो, तब इस रोग के जरिए वह सबका ध्यान अपनी ओर आकर्षित कर सहानुभूति व आदर प्राप्त करने में कामयाब हो जाता है। सहानुभूति बार-बार मिलने पर यह रोग लंबा खिंचता चला जाता है। कुछ विशेष व्यक्तित्व की स्त्रियों जिनमें नाटकीय ढंग से पेश आना, जरूरत से ज्यादा सजना-संवरना, ज्यादा भावुकपन आदि होता है, उनमें इस रोग के होने की आशंका ज्यादा होती है। अचानक आया मानसिक तनाव या सदमा जैसे- प्रियजन की मृत्यु, आर्थिक नुकसान, परीक्षा में फेल हो जाना इत्यादि भी हिस्टीरिया जैसे लक्षणों को जन्म दे सकते हैं।

(रोग के उपचार संबंधी जानकारी हेतु पढ़े पेज नं.-192)

नशे की लत भी मन की ही बीमारी है

शराब, भुक्की, अफीम, स्मैक, तम्बाकू, भांग व नशीली दवाओं की नशाखोरी (ड्रग एडिक्शन)

सबसे बड़ी परेशानी तो यह है कि जो व्यक्ति इन चीजों का नशा करते हैं उन्हें खुद पता ही नहीं होता कि वो नशे की लत का शिकार हैं या नहीं। एक व्यक्ति जो महीने में केवल चार या पांच बार शराब के आठ-दस पैग लगा लेता है, वह समझता है कि उसको शराब की लत लग गई है। दूसरी ओर एक और इंसान है जो कि रोज रात को आधी बोतल पी जाता है और बिना पिए सो नहीं पाता, अपने आप को कहता है "नहीं नहीं मैं शराबी नहीं हूं, शराबी तो और ही तरह के होते हैं। मैं तो थोड़ी-सी पीता हूं, वो भी सोते समय"। व्यक्ति किसी भी चीज का नशा करता हो और उसमें नीचे दी गई 6 बातों में से कम से कम कोई भी तीन बातें लागू होती हों तो समझ लीजिए कि वह नशे की लत का शिकार या आदी हो चुका है। ये 6 बातें हैं :

1. नशीले पदार्थ को लेने की तीव्र इच्छा का होना।
2. नशा छोड़ने की कोशिश में बार-बार नाकाम रहना।
3. नशा उपलब्ध न होने पर शारीरिक व मानसिक परेशानियों का पैदा होना (जैस शराब न मिलने पर हाथ पैर कांपना, नींद न आना या बेचैनी होना)।
4. धीरे-धीरे नशे की मात्रा का बढ़ाना (क्योंकि कुछ समय बाद पहली मात्रा का असर कम होने लगता है)। उदाहरण के लिए स्मैक का नशा करने वाले व्यक्ति का कुछ महीनों में आधा ग्राम स्मैक से दो ग्राम पर आ जाना।

5. नशीले पदार्थों के सेवन में बहुत अधिक समय बरबाद करना। व्यक्ति का जिंदगी के अन्य पहलुओं जैसे समाज में मिलना-जुलना, अपना काम-काज संभालना, बच्चों की देखभाल आदि को नजरअंदाज करना।
6. नशा शरीर को नुकसान पहुंचा रहा है, यह पता चलने के बावजूद नशा करते रहना। उदाहरण के लिए पीलिया व खून की उल्टियां लगने के बावजूद शराब का सेवन बंद न करना।

इसके अलावा अन्य लक्षण जैसे अकेले में नशा करना, शारीरिक व मानसिक स्वास्थ्य को नुकसान, एक बार में ही बहुत ज्यादा मात्रा में नशा कर लेना आदि भी नशे की समस्या के सूचक हैं।

नशे में धुत्त एक व्यक्ति

हिन्दुस्तान में इन नशीले पदार्थों का सेवन आम है

- शराब : इसमें आते हैं बीयर, व्हिस्की, शैम्पेन, वोदका, रम, जिन, ब्रांडी, ठर्रा, देसी दारू आदि।
- तम्बाकू : बीड़ी, सिगरेट, सिगार, जर्दा आदि।
- भांग (कैनाबिस) : चरस, गांजा, सुल्फा, हशिश ये सभी पदार्थ भांग के पौधे (सन) से प्राप्त होते हैं।

- नींद की गोलियां : डाइजापाम, नाइट्रोजापाम, एलपराजोलाम (एलप्रेक्स) आदि।
- अफीम संबंधी पदार्थ : अफीम, स्मैक, भुक्की (माल) ब्राउन शूगर, कैप्सूल प्रोक्सीवान व स्पाजमोवोन, लोमोटिल की गोलियां आदि।
- अन्य पदार्थ : एम्फीटामीन, एल.एस.डी, सोलवेंट (पेट्रोल, इरेजर फ्ल्यूड, पालिश आदि) कोकेन, चाय, कॉफी आदि।
- चाय, कॉफी भी वास्तव में नशीले पदार्थ हैं, परंतु ज्यादा खतरनाक न होने के कारण इनको सामाजिक तौर पर अपना लिया गया है।

क्या है नशे की लत ?

शरीर व दिमाग के क्रियाकलापों पर असर करने वाले पदार्थों के ऊपर शारीरिक या मानसिक तौर पर निर्भर हो जाना ही नशे की लत कहलाता है। नशे की लत को एक मानसिक रोग माना गया है।

कोई नशा क्यों शुरू करता है ?

नशा कोई भी हो, उसके पीछे निम्न मुख्य कारण पाए गए हैं :

- चिन्ता, तनाव व थकान से छुटकारा पाने की इच्छा।
- एक मजा या उत्तेजना पाने की ललक।
- बुरी संगत का असर अर्थात् नशाखोर दोस्तों में रहना।
- जिज्ञासा होना जैसे 'चलो एक बार ले के देखते हैं।'
- आत्मबल का कमजोर होना।
- जीवन की वास्तविकताओं से पलायन।
- टीवी व सिनेमा के परदे पर अभिनेताओं तथा अभिनेत्रियों को नशा करते देख, उनकी नकल करना।
- टूटते हुए परिवार तथा घर में कलह-क्लेश का वातावरण होना।
- पारिवारिक संबंधों में खटास व अकेलापन।
- मानसिक रोगों का मौजूद होना।
- परिवार में बड़ों का नशे की लत का शिकार होना।
- व्यक्तित्व विकार एवं चारित्रिक अभाव।
- मन के आवेगों पर नियंत्रण न होना।

- बढ़ते हुए शहरीकरण के कारण बदलते जीवन मूल्य।
- कैमिस्ट की दुकानों पर बिना किसी परेशानी के दवाओं का मिलना।

नशे की लत के आम लक्षण

जो व्यक्ति के चोरी छिपे नशा करने के सूचक हैं (माता-पिता अगर अपनी संतान में यह लक्षण देखें तो तुरंत सचेत हो जाएं और उसको मनोचिकित्सक से मिलवाएं) :

- नींद में बदलाव, जैसे देर से उठना या बीच-बीच में नींद का टूटना।
- शौचालय में बहुत समय लगाना।
- आंखों में लाली या सूजन का रहना।
- सांस व कपड़ों में अजीब-सी गंध का आना।
- अस्पष्ट बातचीत, अस्थिर हरकतें करना।
- भूख का कम होना तथा वजन में तेजी से गिरावट।
- शरीर पर टीके (Injection) के निशान या कपड़ों पर खून के धब्बे।
- घर व जेबों में सुइयों, सिरिंज एवं अजीब से पैकेटों का मिलना।
- अंगूठे, तर्जनी या बीच वाली उंगली पर जले के निशान मिलना।
- माता-पिता से आंखें न मिला पाना।
- व्यवहार में अचानक बदलाव आना जैसे– चिंता, अकेलापन, उदास रहना, मूड का अचानक बदलना, आलसीपन तथा चिड़चिड़ापन।
- पुराने दोस्तों को छोड़ अचानक नए दोस्तों का बनना।
- शरीर में बिना किसी कारण के दर्द व तोड़ लगना।
- चोरी करना तथा पैसे जरूरत से ज्यादा मांगना ।

अलग-अलग नशों के बारे में थोड़ी-थोड़ी जानकारी :

शराब की लत

लक्षण

- रोजाना शराब पीना या फिर बीच-बीच में कुछ दिनों के लिए बहुत अधिक मात्रा में शराब का सेवन।
- सुबह उठते ही शराब का सेवन।

- खुद से शराब की मात्रा कम करने की कोशिश करना, पर नाकाम रहना।
- शराब न मिलने पर परेशानियों का आना जैसे हाथ-पैर का कांपना, नींद न आना, उल्टी आना, कमजोरी, चिड़चिड़ापन, घबराहट, शराब की तलब आदि। लंबे समय से शराब पी रहे व्यक्ति में शराब न मिलने पर दौरे, बेहोशी, उलटी-सीधी बातें, कानों में ओपरी आवाजें आना जैसी दिक्कतें भी आ सकती हैं। यह स्थिति काफी गंभीर होती है।
- शराब पाने के लिए कुछ भी करने को तैयार हो जाना।
- घर में लड़ाई झगड़ा व कलेश का माहौल।
- सड़क दुर्घटना व शारीरिक चोटों की संभावना का बढ़ना।
- कारोबार में नुकसान।
- चेहरे पर लाली रहना, चक्कर आना, भुलक्कड़पन, लड़खड़ाना, दो-दो दिखना, बेहोशी, भूख न लगना, जिगर में सूजन आदि।
- पीलिया, पेट-दर्द, खून की उल्टियों का लगना।
- मानसिक संतुलन खो देना, आत्महत्या की कोशिशें करना।
- सैक्स संबधी समस्याओं का पनपना।
- हीन भावना, उदासी व अन्य मानसिक रोगों का पैदा होना।
- भोजन नली व पेट का कैंसर।
- मर्दों के वक्षस्थलों में उभार पैदा होना।

हर व्यक्ति में लक्षण अलग-अलग हो सकते हैं।

> अकेले हिन्दुस्तानी एक साल के दौरान लगभग 120 करोड़ लीटर शराब पी जाते हैं। भारत में शराब का सेवन लगातार तेजी पकड़ रहा है।

> अगर शराबी कुछ महीने भी शराब छोड़ने में सक्षम रहता है तो गनीमत है, क्योंकि इस दौरान उसका शरीर व जिगर पहले जैसी ताकत प्राप्त कर लेता है, परंतु यदि जिगर बिल्कुल खराब हो चुका है तो वह शराब छोड़ने पर भी ठीक नहीं होता।

इलाज

रोगी के लिए शराब का अपने आप छोड़ना बेहद मुश्किल होता है, इसके लिए बहुत ज्यादा इच्छा-शक्ति की जरूरत होती है जो कम ही लोगों में बन पाती है।

कुछ लोग जो यह सोचते हैं कि "मैं धीरे-धीरे शराब की मात्रा कम करते हुए एक दिन बिल्कुल बंद कर दूंगा" वास्तव में अपने आप को धोखा दे रहे होते हैं। इस तरह से शराब की लत छूट पाना लगभग असंभव है। इस समस्या से छुटकारा पाने के लिए मनोचिकित्सक की सलाह बेहद जरूरी है।

> जिन व्यक्तियों में शराब छोड़ने की अंदरूनी इच्छा नहीं होती, उनके परिवार वालों को एक बार अपने नजदीकी मनोचिकित्सक से अवश्य मिलना चाहिए, क्योंकि कई बार मुश्किल लगने वाला काम वास्तव में आसान होता है। कुछ विधियों द्वारा ऐसे लती व्यक्तियों में शराब छोड़ने की अंदरूनी इच्छा पैदा करने की कोशिश की जा सकती है।

इलाज के लिए दो विधियों का इस्तेमाल किया जाता है

1. **दवाओं द्वारा :** इसमें रोगी की शराब एकदम बंद करा कर कुछ खास दवाएं शुरू कर दी जाती हैं। इसके कुछ दिनों के बाद मरीज व उसके परिवार वालों को दो अलग अलग किस्म की दवाओं के बारे में बताया जाता है। एक दवा शराब की तलब कम करने में मदद करती है तो दूसरी दवा शराब के पीते ही व्यक्ति के शरीर में नकारात्मक प्रभाव (रिएक्शन) पैदा कर देती है जैसे चेहरे का लाल होना, उलटी आना, सांस फूलना, घबराहट, चक्कर, बेहोशी आदि। इसी डर की वजह से व्यक्ति शराब पीना बंद कर देता है। रोगी व परिवार वालों से सलाह कर इन दोनों दवाओं में से कोई एक दवा चुन ली जाती है, जो कि रोगी को लंबे समय (6 महीने या एक साल) तक लेनी पड़ती है।
2. **व्यावहारिक चिकित्सा :** इसमें शामिल है रोगी से बातचीत, काउंसिलिंग, रिलेक्सेशन एक्सरसाइज, डिसैन्जीटाइजेशन, ऐवर्जन थैरपी, ग्रुप थैरपी आदि। दवाओं के साथ साथ इस चिकित्सा का भी इलाज में बहुत महत्त्वपूर्ण योगदान होता है।

एक बार इलाज कराने के बाद व्यक्ति का अपने चिकित्सक से समय-समय पर मिलना आवश्यक होता है।

नशा चाहे जो भी हो, इलाज कराने के बाद 60-70 प्रतिशत व्यक्ति कुछ महीनों के भीतर फिर से नशा शुरू कर देते हैं। ऐसी स्थिति में रोगी व उसके परिवार वालों को बिना निराश हुए अपने चिकित्सक से दोबारा मिलना चाहिए। आज दुनिया भर के मनोचिकित्सकों के लिए नशे के इलाज का मुख्य उद्देश्य है कि सफल उपचार के बाद व्यक्ति को लंबे समय तक नशा मुक्त कैसे रखा जाए।

अन्यथा सफल इलाज के बावजूद नशे की समस्या दोबारा आ सकती है। अगर व्यक्ति खुद मिलने का इच्छुक न हो तो उसके परिवार वालों को ही इलाज कर रहे मनोचिकित्सक से मिलते रहना चाहिए ताकि रोगी को लंबे समय तक नशा मुक्त रखने के लिए और पहलुओं पर विचार-विमर्श किया जा सके।

जरूरत से ज्यादा शराब पीने वाला व्यक्ति अगर पूरी तरह से शराब बंद करने के लिए तैयार न हो या फिर ऐसा करने में असफल रहता हो, तब नियंत्रित तरीके से शराब का सेवन किया जाना इलाज का एक तरीका हो सकता है। यह तरीका चिकित्सक से बातचीत कर निर्धारित किया जा सकता है। बिना बताए शराब छोड़ने वाली दवाओं के प्रचार करने वाले नीम-हकीमों से बचें। भूलकर भी रोगी को बिना बताए ऐसी दवाएं न खिलाएं, क्योंकि इन दवाओं के चलते अगर रोगी शराब पी लेता है तो वह नकारात्मक प्रभाव (रिएक्शन) की वजह से मर भी सकता है।

अफीम, स्मैक, प्रोक्सीवान आदि की लत

ये सभी नशीले पदार्थ ऑपीआयडस (Opioids) कहलाते हैं जिनका नशा आपस में मिलता-जुलता सा है। ये सभी शरीर व दिमाग पर लगभग एक जैसा असर करते हैं, परंतु हर एक का प्रभाव (Potency) अलग-अलग हो सकता है। एक नजर डालें इन पदार्थों पर :

- **अफीम :** यह हल्के भूरे रंग के पाउडर, चकतों या लेई के रूप में होता है। इसे मुख से या धूम्रपान के रूप में लिया जाता है। अफीम एक पौधा, जिसे पेपोवर सोमनीफेरस कहते हैं से प्राप्त किया जाता है।

- **भुक्की/डोडा :** यह भी इसी पौधे से तैयार की जाती है। पौधे के फूलों के नीचे एक कप-सा बना होता है जिससे अफीम निकाली जाती है। बाकी बचे कप व पौधे को इकट्ठा कर सुखाकर पीस लिया जाता है, इसी को भुक्की या डोडा कहा जाता है। भुक्की सस्ते रेट में मिल जाती है। स्मैक, अफीम आदि की अपेक्षा यह कम प्रभावशाली होती है।
- **स्मैक :** इसे ब्राउन शुगर व हैरोइन के नाम से जाना जाता है। शुद्ध हैरोइन सफेद रंग की होती है। लेकिन मिलावट की वजह से यह भारत में हलके या गाढ़े भूरे रंग के रूप में मिलती है। मुनाफा कमाने के लिए दलाल इसमें मिलावट के रूप में चाक पाउडर, कुनैन की गोलियां, सफाई करने वाला पाउडर मिला देते हैं जिसके कारण इसका रंग बदल जाता है। रोगी इसका इस्तेमाल सिगरेट की पन्नी पर रख कर करते हैं। पन्नी के नीचे आग की लपट घुमाई जाती है और पन्नी के ऊपर उठते धुएं को लती व्यक्ति कागज की नली से कश के रूप में मुंह से अंदर कर लेता है। कुछ लोग इसे नस या चमड़ी में इंजेक्ट भी कर लेते हैं।

> याद रखें नशा भी मन की ही बीमारी है। और बीमारियां जैसे नजला, जुकाम, खांसी दोबारा हो सकते हैं। उसी प्रकार नशे की लत भी दोबारा लग सकती है। इसलिए घबराएं नहीं, दोबारा इलाज के लिए कदम उठाएं।

- **इंजेक्शन मोरफीन, नोरकीन, टीडीजैसिक, फ्रोर्टविन आदि :** ये भी ऊपर दिए गए नशों की तरह ही हैं, परंतु इन्हें इंजैक्शन के रूप में इस्तेमाल किया जाता है। कई रोगी इन्हें अन्य दवाओं जैसे एविल, फिनारगन, डाइजापाम आदि के साथ मिक्स करने के बाद मांस में या नस में इंजैक्ट करते हैं। यह नशा बेहद खतरनाक माना जाता है। रोगी अगर एक ही सूई या सिरिंज का दूसरे लोगों के साथ मिलकर इस्तेमाल करता है तो वह एड्स व हैपेटाइटस (पीलिया) जैसी खतरनाक बीमारियों का शिकार हो सकता है। इसके अलावा लती व्यक्ति को संक्रमण, मवाद पड़ना, सूजन, नसों में खून जमना, पीलिया, निमोनिया, टीबी, गुर्दे व दिल की बीमारियां भी हो सकती हैं।
- **कोडीन व कारेक्स आदि :** ये नशे सिरप पीने की दवा के रूप में इस्तेमाल किए जाते हैं।

- **कैप्सूल प्रोक्सीवान, स्पाजमोवोन, इत्यादि :** इन कैप्सूलों में ओपीयाइडस के अलावा अन्य दवाइयां जैसे दर्द निवारक, एंटी स्पाजमोडिक आदि भी मौजूद होती हैं। कई लती व्यक्ति इनका इस्तेमाल स्मैक या अफीम के न मिलने पर करते हैं। कुछ केवल इन्हीं का नशा करते हैं।

> नशे की लत के अलावा लती व्यक्ति अन्य मानसिक समस्याओं जैसे चिंता, उदासी, भय आत्महत्या आदि का भी शिकार हो सकता है।

लक्षण व प्रभाव

ओपीयाईडस का नशा करने वाले व्यक्तियों के लक्षण :

- नशा लेने पर एक चरम आनंद का महसूस होना (जिसको रश या किक भी कहा जाता है)। नशा लेते वक्त व्यक्ति को शरीर में गर्मी आना. बांहों व टांगों का भारी होना, मुंह में सूखापन, चेहरा लाल होना आदि जैसे अन्य लक्षण भी महसूस हो सकते हैं।
- नशा न मिलने या अचानक छोड़ने पर तोड़ लगना, जिसके प्रमुख लक्षण हैं : हड्डियों में दर्द, बहती नाक, पसीना आना, बेचैनी, नींद व भूख की कमी, छींकें आना, आंखों से पानी, उबासियां आना, उलटी व दस्त लगना, कमजोरी, पेट-दर्द इत्यादि। ये लक्षण नशा छोड़ने के 8-12 घंटों के भीतर उभरने शुरू हो जाते हैं और तीसरे व चौथे दिन सबसे ज्यादा परेशान करते हैं। 7 या 8वें दिन ये सब समाप्त होने लगते हैं।
- नशे की बहुत तेज तलब लगना व नशा पाने के लिए कुछ भी करने को तैयार रहना।
- नशा करने पर मीठी नींद आना व आंख की पुतली का छोटा होना।
- शरीर का वजन गिरना।
- सामाजिक जीवन का बेकार होना, आत्मविश्वास में कमी, घरेलू लड़ाई-झगड़े।
- समय के साथ-साथ नशे की मात्रा का बढ़ाना।
- एक नशा न मिलने पर दूसरे से काम चलाना। जैसे स्मैक न मिलने पर अफीम का इस्तेमाल करना।
- यौन क्षमता में गिरावट आना।
- बिजली की रोशनी बर्दाश्त न कर पाना।

- शरीर पर सुइयों के निशान/कपड़ों पर खून के धब्बे।
- तर्जनी उंगली व अंगूठे पर जले हुए काले भूरे रंग के निशान यह लक्षण स्मैक लेने वालों में मिलते हैं।

> कोई भी नशा छोड़ने पर उसकी तलब (नशा करने की तीव्र इच्छा) कुछ दिनों तक व्यक्ति को परेशान करती है। इस पर काबू पा लेने के बाद नशे की इच्छा धीरे-धीरे समाप्त होने लगती है। तलब बिल्ली की तरह है जो कि नशा रूपी दूध देने पर रोज आपके दरवाजे पर आएगी। अगर यह दूध देना बंद कर दो तो वह कुछ दिन रोज की तरह दरवाजे पर आएगी, परंतु कुछ समय बाद आना बंद कर देगी।

- नाखूनों के आसपास सफेद पाउडर का लगा होना (मोरकीन का इंजेक्शन इस्तेमाल करने वालों में)।
- अन्य लक्षण हैं– कब्जी (कोरैक्स पीने वालों में), नथुनों का लाल होना, चिड़चिड़ापन, उदासी, घबराहट आदि।

इलाज

- एक बार इसकी लत लग जाने पर नशे का अपने आप छूटना लगभग नामुमकिन हो जाता है। व्यक्ति का नशे को धीरे-धीरे कम करके बंद कर देने का विचार भी एक भ्रम ही है। कोई बिरला ही ऐसा करने में कामयाब होता है। इसलिए इलाज के लिए मनोचिकित्सक की मदद जरूरी है।
- शराब की लत की तरह ही इस नशे से मुक्ति पाने के लिए दो तरीकों का इस्तेमाल होता है। पहला है दवाओं द्वारा दूसरा व्यावहारिक चिकित्सा द्वारा।
- रोगी का नशा एकदम बंद करवाकर कुछ दवाएं दी जाती हैं ताकि उसको तोड़ न लगे। 7-8 दिन के अंदर ये दवाएं बंद कर उसे एक खास दवा पर डाल दिया जाता है। जिसके लेने पर अगर लती व्यक्ति नशा भी कर ले तो उसे नशीले पदार्थ का असर नहीं होता। यह दवा कुछ महीनों से लेकर साल भर तक खानी पड़ती है।
- इस दवा को खिलाने की ड्यूटी रोगी के किसी जिम्मेदार परिवार वाले को दी जाती है जैसे माता-पिता, पत्नी, बड़ी बहन या भाई।

- इसी के साथ-साथ व्यक्ति को व्यावहारिक चिकित्सा भी दी जाती है जिसमें रोगी को अपना मन बदलने और अपने आप पर काबू रखने के मनोवैज्ञानिक तरीके सिखाए जाते हैं।
- आजकल कुछ नई तकनीकें भी मौजूद हैं जैसे U.R.O.D., एनेलद्रोक्जन पैलेट इनसरशन आदि। परंतु इनका इस्तेमाल कुछ गिने चुने रोगियों में ही किया जाता है। ये इलाज काफी महंगे हैं और अकसर आम आदमी की पहुंच से बाहर होते हैं।
- जो मरीज कई कोशिशों व पूरे इलाज के बाद भी नशा छोड़ने में सफल नहीं हो पाते, उनमें एक विधि "हार्म रिडक्शन (नुकसान कम करना)" इस्तेमाल की जाती है। इस विधि में रोगी को कम नुकसान करने वाला नशा उपलब्ध करा दिया जाता है ताकि वह खतरनाक नशों जैसे स्मैक, नशे के इंजेक्शन आदि से दूर रहे।
- कुछ स्वयंसेवी ग्रुप जैसे नारकोटिक एनोनिमस, व्यक्ति को नशे से दूर रखने में काफी मददगार साबित हो सकते हैं।

> इलाज के बाद परिवार वालों का रोगी के व्यवहार व चाल-चलन पर शक करना, रोगी के लिए कुंठा का कारण बन सकता है। इसके चलते वह गुस्से में दोबारा नशा शुरू कर सकता है। इसलिए घर के सदस्य शक का वातावरण न बनाकर, रोगी के साथ आपसी विश्वास व तालमेल बढ़ाएं, ताकि दोबारा नशा करने पर वह स्वयं ही इसके बारे में बता दे।

भांग का नशा

भांग, गांजा, चरस/हशीश, सुल्फा, कैनाबिस, सन

ये सभी एक ही प्रकार के नशे हैं जो कि भांग के पौधे (कैनाबिस सैटाइवा) से तैयार किए जाते हैं। इसे गरीब का स्वर्ग के नाम से भी जाना जाता है, क्योंकि इस नशे को पौधे से तैयार करना बेहद आसान है और यह पौधा भारत में प्रचुर मात्रा में उगता है। वास्तव में यह नशा नरक के बराबर है।

लेने का तरीका

- गांजे (सूखी घास की तरह होता है) को बीड़ी या सिगरेट में डालकर पिया जाता है।

- हशीश/चरस (जो कि तोले के हिसाब से मिलती है) का धूम्रपान किया जाता है। कुछ लोग इसे भोजन के साथ पकाकर भी खाते हैं।
- भांग (सूखी व पिसी हुई पत्तियां) : इसे दूध या पानी के साथ उबाल कर पिया जाता है।
- कुछ लोग पौधे की पत्तियों का घोल बनाकर या खाने की चीज में डालकर इस्तेमाल करते हैं।
- ग्रामीण लोग आमतौर पर पौधे की पत्तियों व तनों पर हाथ रगड़कर राल इकट्ठा कर लेते हैं और फिर उसे बीड़ी या सिगरेट में डालकर धूम्रपान करते हैं।

लक्षण व नशे के प्रभाव

- नशा लेने पर आनन्द, काल प्रसार (समय का धीमे चलने का एहसास), रंगों का चमकदार दिखना, बादलों पर चलने का अहसास होना आदि।
- नशा करने पर जरूरत से ज्यादा आत्मविश्वासी, बातूनी या अकड़ू किस्म का बन जाना।
- आंखों का लाल सुर्ख होना, पुतली का फैलना, भूख का बढ़ना।
- शुरुआत में हंसना बाद में नींद में खो जाना।
- याददाश्त कमजोर होना। हृदय गति का बढ़ना।
- आतंकित हो जाना या फिर बेहद डर जाना
- ज्यादा नशा करने पर उलटी-सीधी आकृतियां दिखना।
- पागलपन, घबराहट व मन की उदासी का पैदा होना।
- सुस्ती, कमजोरी, इच्छा-शक्ति का कम होना।
- शुक्राणुओं की कमी।
- नशा उपलब्ध न होने पर कोई विशेष शारीरिक कष्ट नहीं होता, परंतु व्यक्ति को बेचैनी व तलब लग सकती है।

इलाज

इसके इलाज में कुछ खास दवाओं का इस्तेमाल नहीं किया जाता। कई बार नींद की गोलियों का उपयोग किया जाता है।

नशे की वजह से पैदा हुए पागलपन की स्थिति के लिए कई बार विशेष दवाएं लेनी पड़ सकती हैं।

इसके इलाज में मुख्य भूमिका व्यवहार चिकित्सा की रहती है जिसके जरिए रोगी का मन बदलने की कोशिश की जाती है।

नींद की गोलियों का नशा

आज के बढ़ते मानसिक तनाव के दौर में नींद की गोलियों का नशा लगातार बढ़ रहा है। इसके नशे के मुख्य कारण हैं :

- बढ़ता मानसिक तनाव।
- बढ़ती नींद की समस्याएं व चिंता रोग (इन सभी अवस्थाओं में इन गोलियों का इस्तेमाल किया जाता है)।
- रोगी का बिना डॉक्टरी सलाह के अपने आप इनका सेवन करना।
- केमिस्ट की दुकानों पर बेरोक टोक इन दवाओं का मिलना (कानूनी तौर पर यह अपराध है)

क्या है नींद की गोलियां :

आम तौर पर इस्तेमाल होने वाली नींद की गोलियां हैं डाइजापाम, क्लोरडाइजोपौक्साइड, अलपराजोलाम, नाइट्राजीपाम, लोराजीपाम, इत्यादि। इन दवाओं का इस्तेमाल नींद की समस्याओं के अलावा घबराहट, चिंता, मानसिक तनाव, डर आदि समस्याओं के लिए भी किया जाता है। कुछ गोलियों का असर थोड़ी देर (कुछ घंटे) और कुछ का एक दिन से चार दिन तक रह सकता है। कई लती लोग इन दवाओं को इंजेक्शन के रूप में भी लेते हैं। योग्य चिकित्सक रोगियों में एक निश्चित समय सीमा तक इनका इस्तेमाल करता है और धीरे-धीरे इन दवाओं को बंद या कम कर देता है। परंतु कुछ व्यक्ति बिना सोचे-समझे इनका इस्तेमाल जारी रखते हैं और धीरे-धीरे इन दवाओं के आदी हो जाते हैं।

लती व्यक्ति के लक्षण व नशे का प्रभाव :

- हलकी मात्रा में लेने पर घबराहट, चिंता व गुस्से में कमी आना व हलका अनुभव करना।
- ज्यादा मात्रा में लेने पर नींद महसूस करना, ध्यान में कमी आना, मांसपेशियों में ढीलापन पैदा होना।
- जरूरत से ज्यादा मात्रा लेने पर सांस लेने में तकलीफ व सोचने समझने से गड़बड़ पैदा होना।

- दवा न मिलने पर घबराहट, नींद व भूख में कमी, जी मिचलाना, बुखार, बेचैनी आदि महसूस करना। गंभीर अवस्था में मिरगी जैसे दौरे भी पड़ सकते हैं।
- धीरे-धीरे दवा की खुराक का बढ़ाना।
- शराब के साथ इनका सेवन करने पर जरूरत से ज्यादा नशा अनुभव करना।
- लंबे समय के इस्तेमाल के बाद व्यक्ति आलस्य, चिड़चिड़ापन, सर दर्द, इच्छा-शक्ति में कमी, बुरे सपने, भूख में बढ़ोतरी, सेक्स की कमी, मासिक धर्म में तकलीफ आदि से पीड़ित रहने लगता है।
- बहुत सालों के इस्तेमाल के बाद लती व्यक्ति उदासी (डिप्रेशन)/शक्की मिजाज का भी शिकार हो सकता है।

उपाय

जहां तक हो सके इन दवाओं से दूर रहें।

- इनका इस्तेमाल केवल योग्य चिकित्सक की सलाह के बाद ही करें।

> इन गोलियों का सेवन कोई खतरनाक विषय नहीं है जब तक कि व्यक्ति इनका इस्तेमाल चिकित्सक की सलाह अनुसार कर रहा हो।

- इनका इस्तेमाल भूलकर भी दूसरे नशों जैसे शराब, हेरोइन, भांग आदि के साथ न करें।
- आमतौर पर मनोचिकित्सक लती व्यक्ति को कुछ व्यावहारिक तकनीकें सिखाकर, धीरे-धीरे मरीज की दवाई की मात्रा कम करता जाता है। कुछ समय बाद दवा बिल्कुल बंद कर दी जाती है। कई बार विशेष दवाओं का इस्तेमाल भी करना पड़ सकता है।
- एक बार नशा बंद होने पर व्यक्ति की मूल समस्याओं (जिसकी वजह से उसने इनका सेवन शुरू किया था) का इलाज भी शुरू कर दिया जाता है।

तम्बाकू का नशा

यह वह नशा है जिसको एक किस्म से भारतीय समाज ने अनचाही मंजूरी दी हुई है। इसी कारण कोई भी व्यक्ति आराम से दूसरों के सामने बीड़ी, सिगरेट, जर्दे आदि का इस्तेमाल कर सकता है। बहुत कम लोग हैं जो कि तंबाकू का नशा करने वालों को रोककर कहें "भाई साहब, यहां सिगरेट मत पीजिए, बाहर चले जाइए या सिगरेट बुझा दीजिए"।

इस्तेमाल

तम्बाकू का इस्तेमाल हिन्दुस्तान में मुख्य तौर पर बीड़ी, सिगरेट, पान मसाला, खैनी, गुटका आदि के रूप में होता है। जिन बच्चों के घर के सदस्य बीड़ी-सिगरेट आदि का नशा करते हैं उनमें आगे चलकर इस तरह का नशा करने का अंदेशा बढ़ जाता है।

> तम्बाकू का नशा भी अन्य नशों की तरह एक मानसिक बीमारी है जिसका इलाज संभव है। भारतीयों को हो रहे कैंसर में 40 प्रतिशत कैंसर तम्बाकू की वजह से हैं। हर साल भारत में धूम्रपान की वजह से 8,00,000 लोग मर जाते हैं।

लती व्यक्ति के लक्षण

- नशा करने पर ध्यान-शक्ति का बढ़ना, दिमाग तेज होने जैसा महसूस करना।
- नशा करने पर मानसिक तनाव और नकारात्मक विचारों में कमी व मन में खुशी महसूस करना।
- बीड़ी-सिगरेट, जर्दा आदि छोड़ने की कई बार कोशिश करना परंतु असफल रहना।
- नशा न मिलने पर ये लक्षण पैदा होना : तम्बाकू की तलब, मानसिक तनाव, चिड़चिड़ापन, ध्यान में कमी, नींद आने में दिक्कत, भूख का बढ़ना आदि।
- कई बार ज्यादा तम्बाकू वाली सिगरेट से कम तम्बाकू वाली सिगरेट पीने पर भी ऐसे लक्षण पैदा हो सकते हैं।
- मानसिक दबाव आने पर नशे की मात्रा का बढ़ना।

- समय के साथ-साथ नशे की मात्रा का बढ़ना। (उदाहरण के लिए कुछ महीनों में दो सिगरेट से दस सिगरेट पर पहुंचना।)
- नपुंसकता, गर्भपात, शीघ्र बुढ़ापा आना, मुंह में बदबू पैदा होना।

> तम्बाकू का नशा करने वाले व्यक्तियों में नशा छोड़ते वक्त सबसे ज्यादा नशे के लिए पैदा हुई तलब तंग करती है। एक बार पैदा होने पर यह लगभग 3 से 5 मिनट तक रहती है। इस पर काबू पाना थोड़ा मुश्किल है, पर नामुमकिन नहीं।

- हृदय रोग-हार्टअटैक, उच्च रक्तचाप, हाथ पैर में गैंग्रीन आदि का पैदा होना।
- अन्य रोग जैसे कैंसर (मुंह, जीभ, गला, पेट, फेफड़ा, गुर्दा एवं मूत्राशय आदि का), खांसी-दमा, निमोनिया व टीबी का पैदा होना।

तम्बाकू का नशा छोड़ने के कुछ फायदे

- सुखद महसूस करना।
- ब्लड प्रेशर, हृदयगति का सामान्य होना।
- हार्ट अटैक के होने के अंदेशों में भारी कमी।
- फेफड़ों की कार्यक्षमता में सुधार।
- कैंसर होने के अंदेशों में भारी कमी।
- वजन में बढ़ोतरी।
- फिजूल खर्ची से बचाव
- बच्चों के बड़े होने पर तम्बाकू सेवन करने के अंदेशों में कमी।

> तम्बाकू का नशा छोड़ने पर व्यक्ति के वजन में 2-3 किलोग्राम के लगभग बढ़ोतरी का होना स्वाभाविक क्रिया है। इसमें घबराने वाली कोई बात नहीं है।

इलाज

- कुछ तरीकों को अपनाकर तम्बाकू का सेवन बिना किसी चिकित्सक की सलाह के भी छोड़ा जा सकता है, परंतु ऐसा 15% लोग ही कर पाते

हैं। कुछ लोग जो अपने आप तम्बाकू का नशा छोड़ने में नाकाम रहते हैं, मनोचिकित्सक की देखरेख में इससे मुक्ति पा सकते हैं।

- मनोचिकित्सक इसका इलाज व्यक्ति के व्यक्तित्व के हिसाब से करता है। नशा छोड़ने के लिए एक दिन निश्चित कर दिया जाता है। इसके बाद व्यक्ति को कुछ खास किस्म के व्यावहारिक तरीके अपनाने पड़ते हैं ताकि वह पैदा हुई तलब व अन्य परेशानियों पर काबू पा सके। इस दौरान कुछ खास दवाएं भी इस्तेमाल की जाती हैं जो कि तलब को कम करने में मदद करती हैं।
- एक बार नशे से मुक्ति मिलने पर व्यक्ति का चिकित्सक से कुछ-कुछ समय बाद मिलना बेहद जरूरी होता है।
- कई चिकित्सा संस्थानों पर तम्बाकू की चिंगम (Nicotine gum) व पैच आदि का भी इस्तेमाल किया जाता है। परंतु इसके अपने फायदे व नुकसान होते हैं। इच्छा-शक्ति वाला व्यक्ति इन तरीकों के बिना भी आसानी से यह नशा छोड़ सकता है।

तम्बाकू सेवन की मात्रा कम करने के लिए कुछ उपाय

ये सुझाव पूरा नशा छोड़ने से पहले लिए जाने वाले कुछ कदम हैं :

- वह जगह व समय नोट करें जब आप तम्बाकू का सेवन करते हैं जैसे– टीवी देखते समय, दुकान पर काम करते वक्त आदि।
- सिगरेट के ब्रांड बदलते रहें।
- धूम्रपान करते वक्त कशों की संख्या घटाएं।
- सिगरेट या बीड़ी पीते वक्त उसका बड़ा हिस्सा फेंक दें। इसमें कंजूसी न करें।
- गहराई वाले कशों से बचें ताकि कम धुआं फेफड़ों में जाए।

तलब पर काबू पाने के कुछ तरीके

- सबसे पहले यह जान लें कि तलब कुछ ही समय (ज्यादा से ज्यादा 10 मिनट) तंग करती है।
- तलब लगने पर पानी पिएं या फिर चिंगम, टाफी या पिपरमिंट आदि की गोली खाएं।

- प्राणायाम का अभ्यास करें।
- अपना ध्यान कहीं और बांटने की कोशिश करें (जैसे कुछ लोग मंदिर का रुख कर तलब पर काबू पा लेते हैं।)

कुछ खास बातें

- एक बार तम्बाकू का सेवन छोड़ने पर व्यक्ति को एक भी कश या तम्बाकू की थोड़ी-सी भी मात्रा लेने से बचना चाहिए।
- सिगरेट बीड़ी आदि पीने वालों के साथ से बचने की कोशिश करें।
- अपने मन की बातें दूसरे नशा छोड़ रहे व्यक्तियों से शेयर करें।
- जब तक कि आप नशा पूरी तरह न छोड़ दें तब तक अपने चिकित्सक से थोड़े-थोड़े समय बाद मिलते रहें।

पेट्रोल, इरेजर फलूयड़, थीनर व इनसे संबंधित तरल पदार्थ सूंघने का नशा

इनको वोलेटाइल सोलवेंट कहा जाता है, जिनका इस्तेमाल व्यक्ति सूंघकर नशे के रूप में करता है। इन पदार्थों के सूंघने पर मनोदशा में बदलाव, उत्तेजना, चक्कर, आवाज में तोतलापन, सूझ-बूझ में कमी आदि लक्षण आ सकते हैं। ज्यादा मात्रा में लेने पर मृत्यु भी हो सकती है। यह नशा आमतौर पर युवाओं में ज्यादा लोकप्रिय है। उम्र बढ़ने के साथ व्यक्ति इस नशे को छोड़कर दूसरे नशों का आदी होने लगता है।

कुछ अन्य नशे

एमफीटामींज (एक्सटेसी) : यह उत्तेजक दवाएं हैं जिनके लेने पर व्यक्ति सक्रिय महसूस करता है। इसके साथ-साथ स्वस्थ महसूस करना, आत्मविश्वास में बढ़ोतरी, चुस्ती आना आदि इसके अन्य लक्षण हैं। इसका नशा करने पर व्यक्ति लंबे समय तक जागकर कार्य कर सकता है। इसी कारण इन दवाओं को कुछ लोग सुपरमैन औषधि भी कहते हैं। इन दवाओं द्वारा पैदा किए गए सभी प्रभाव वास्तव में एक भ्रम हैं। असलियत में ये दवाएं लती व्यक्ति को कहीं का नहीं छोड़तीं। इनका नशा व्यक्ति में चिंता, भय, अस्त-व्यस्त सोच व पागलपन भी पैदा कर सकता है। दवा न मिलने पर लती व्यक्ति गहरी उदासी महसूस करता है। आजकल विद्यार्थियों व हाई सोसाइटी में इन दवाओं का प्रचलन बढ़ रहा

है। इसके अलावा अन्य नशे जैसे एल एस डी, कोकीन, पी सी पी आदि भारत के बड़े शहरों (मुंबई, दिल्ली आदि) में ज्यादा इस्तेमाल किए जाते हैं। महंगे व जल्दी से उपलब्ध न होने के कारण इनका इस्तेमाल कुछ लोगों तक ही सीमित रहता है।

कुछ महान व कामयाब हस्तियां जो अपने जीवन में नशे की लत का शिकार हुईं :

- **संजय दत (Sanjay Dutt) :** लोकप्रिय अभिनेता
- **मारोडोना (Marodona) :** मशहूर फुटबाल खिलाड़ी
- **सर एलटन जॉन (Sir Elton John)** : मशहूर संगीतकार
- **एन मारग्रेट (N. Margrett) :** गायिका, लेखिका व डांसर
- **लियो टालस्टाय (Leo Tolstoy) :** महान लेखक
- **गुरुदत (Gurudat) :** महान अभिनेता

पूरे विश्व में लगभग 400 मिलियन (40 करोड़) लोग मानसिक समस्याओं से ग्रस्त हैं। यह ही नहीं, इंसान को असमर्थ कर देने वाली विश्व की प्रमुख 10 बीमारियों मे से 5 मानसिक किस्म (Neuropsychiatric) की हैं। इन्हीं तथ्यों को देखते हुए W.H.O (World Health Organisation) ने सन् 2001 से इन बीमारियों के खिलाफ बड़े-बड़े अभियान छेड़ने शुरू कर दिए हैं।

आत्महत्या के विचार

बीमार मन की आवाज

जिंदगी की समस्याओं से परेशान एक व्यक्ति कहता है कि "हे भगवान उठा ले, अब तो बहुत जी लिया मैंने", वहीं दूसरा इंसान कहता है "बस अब कुछ नहीं बचा, मरना ही बेहतर है"। इन दोनों में दूसरे व्यक्ति की सोच ज्यादा गंभीर है, क्योंकि इस प्रकार की सोच रखने वाले व्यक्ति ही आत्महत्या जैसे खतरनाक कदम उठाते हैं। पहला व्यक्ति निराशा के भाव में भगवान से कुछ कह रहा है। वह खुद अपने आप को समाप्त करना नहीं चाहता। दूसरा व्यक्ति अपनी जिंदगी को खत्म करने का निर्णय भगवान की जगह अपने हाथों में ले रहा है, जो कि एक खतरनाक स्थिति को दर्शाता है।

हर रोज अखबार के पहले नहीं तो दूसरे पेज पर आत्महत्या की दर्दनाक खबर मिलना, सोचने पर मजबूर कर देती है, आखिर क्यों और कैसे घटती हैं यह घटनाएं? हर उम्र व वर्ग के लोगों में अपने आप को खत्म करने की प्रवृत्ति तेजी से बढ़ती हुई नजर आ रही है।

"बस अब जिंदगी में क्या बचा है? किसलिए जीवित रहूं? छोड़ दो, सब बेकार है"–यह वाक्य एक आत्महत्या करने वाले व्यक्ति के मन की दशा को दर्शाते हैं।

भारत में हर साल लगभग एक लाख दस हजार लोग आत्महत्या का शिकार हो रहे हैं। खुदकुशी की वजह से हो रही मौतें पूरे भारत में मृत्यु के प्रमुख दस कारणों में से एक हैं। हर साल पूरे विश्व में लगभग 10 लाख लोग अपने हाथों खुद की जीवन लीला समाप्त कर लेते हैं। भारत में हर एक मिनट में आत्महत्या की एक नाकाम कोशिश व हर पांचवें मिनट में आत्महत्या की एक दर्दनाक घटना घटित हो रही है। खुदकुशी के मामलों में भारत पूरे विश्व में चीन के बाद दूसरे स्थान पर है।

आत्महत्या करने वाले अधिकतर व्यक्ति कभी न कभी व कहीं न कहीं अपने आप को खत्म करने के विचारों या मनोदशा का प्रदर्शन जरूर करते हैं, परंतु दुर्भाग्यवश उस समय उनकी बातों को गंभीरता से नहीं लिया जाता।

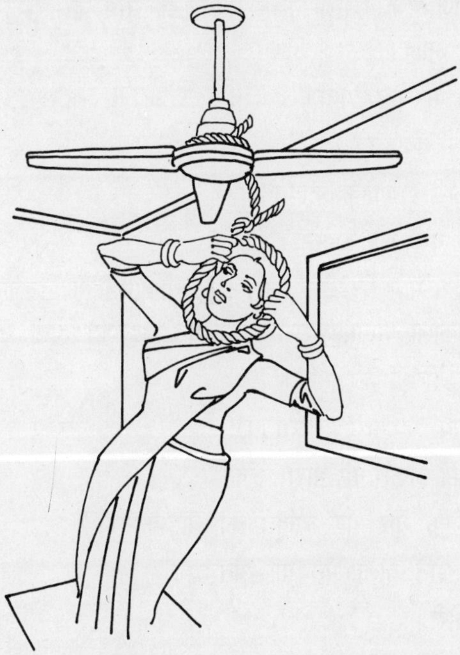

आत्महत्या की कोशिश करती हुई एक महिला

आत्महत्या करने वाले दस व्यक्तियों में से आठ इस घटना को अंजाम देने के पहले सात दिन के भीतर किसी न किसी रूप में अपने आस-पास के लोगों व निकट संबंधियों को अपने आप को खत्म करने की वारनिंग दे देते हैं। उदाहरण के लिए गहरे मानसिक तनाव से गुजर रहे एक 22 वर्षीय युवक ने अपनी जीवन लीला समाप्त करने से कुछ दिन पहले अपने नजदीकी मित्र से कुछ इस प्रकार की बात की– 'बस दोस्त! आज जी भर कर मिल लो, कल कौन कहां चला जाए क्या पता?' इसके तीन दिन बाद उसने कीड़े मारने वाली दवा खा कर अपनी जान ले ली।

ऐसे कई कारण हैं जिनकी वजह से एक अच्छे खासे इंसान की मनोवृत्ति अपने आप को खत्म करने की बन सकती है। इनमें प्रमुख हैं :

- उदासी की बीमारी (पढ़ें पेज नं. 10)
- स्किजोफ्रेनिया नामक मानसिक रोग (पढ़ें पेज नं. 68)
- लाइलाज गंभीर शारीरिक व पीड़ाजनक रोग जैसे तेजी से बढ़ता कैंसर, एड्स आदि।
- परीक्षा में फेल होना।
- प्यार में विफलता।
- कष्टकारी वैवाहिक जीवन।
- अवैध गर्भ का ठहरना।
- आत्म सम्मान पर ठेस (जैसे झूठा धोखाधड़ी का इल्जाम लगना, नौकरी से निकाला जाना, दूसरों के सामने बेइज्जत होना आदि)।
- निकट संबंधी की मौत।
- व्यवसाय में भारी नुकसान।
- पैसे का नुकसान, भारी कर्ज।
- सामाजिक तौर पर व्यक्ति का बहिष्कार।
- न सुलझने वाला मन का अंतर्द्वंद्व।
- नशाखोरी।
- दहेज संबंधी समस्याएं।
- यौन समस्याएं।
- आपसी संबंधों में तनाव।

आत्महत्या के विचारों से ग्रस्त व्यक्ति के मन में अकसर ये विचार उत्पन्न होते हैं

- "जिंदगी क्या है? कुछ भी नहीं, कष्ट ही कष्ट, मरना बेहतर है, कम से कम मरने के बाद तो चैन मिलेगा।"
- "अब तो भविष्य केवल अंधकार है, अब कुछ भी नहीं हो सकता।"
- "क्यों जी रहा हूं? मेरी कीमत ही क्या है? मैं किसी काम का नहीं हूं। अगर मैं किसी के कोई मतलब का ही नहीं हूं, तो जीने का क्या फायदा?"

- "ये समस्याएं तो अब मेरे मरने के बाद ही हल होंगी?"
- "इस दुनिया को तभी चैन मिलेगा जब मैं मर जाऊंगा।"
- "जब मेरा कोई अपना नहीं, तो जीकर क्या करना।"
- "अब जीने का और कोई रास्ता नहीं बचा।"
- "ये जिल्लत और सहन नहीं होती। कहां मुंह दिखाऊंगा? इससे तो अच्छा है मर जाऊं।"
- "मैं इतना पापी इंसान हूं कि अब मुझे जीने का कोई हक नहीं है।"

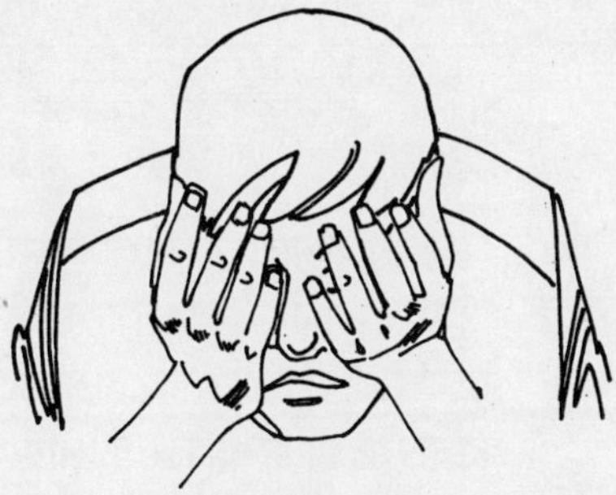

जिन्दगी से निराश व्यक्ति

इस प्रकार के विचार जब व्यक्ति के मन में लगातार आने लगें और वह इन पर अमल करने के लिए कोई प्लानिंग भी करने लगे, तो समझ लीजिए वह कभी भी अपनी जीवन लीला समाप्त कर सकता है।

किस प्रकार के लोग करते हैं आत्महत्या की कोशिश?

- वो लोग जो कि गंभीर डिप्रेशन या फिर अन्य मानसिक रोग के दौर से गुजर रहे हैं।
- व्यक्ति जो कि उतावले किस्म के होते हैं और बिना सोचे-समझे निर्णय ले लेते हैं।
- मानसिक तौर पर अपरिपक्व व कमजोर लोग जो कि अपने आपको जिंदगी में आने वाले आम मानसिक तनावों को झेल पाने में असहाय महसूस करते हैं।
- तलाक शुदा व अकेले रहने वाले व्यक्तियों में आत्महत्या की घटनाएं ज्यादा पाई जाती हैं।
- वे लोग जिनको पर्सनैलिटि (व्यक्तित्व) से संबंधित समस्याएं हों, जैसे एंटीसोशल एवं बॉर्डरलाइन वाले व्यक्ति।
- वे लोग जिनकी उम्र 15 से 24 साल है या फिर 45 वर्ष से ऊपर हैं, उनमें ये घटनाएं ज्यादा पाई जाती हैं।

आत्महत्या करने वाले व्यक्तियों के दिमाग के कुछ खास हिस्सों में रासायनिक पदार्थों जैसे 5-Hydroxyindole acetic acid व serotoin की कमी पाई जाती है। ऐसा बहुत से अध्ययनों में दर्शाया गया है।

- वो लोग जो पहले भी मरने की कोशिश कर चुके हों, उनमें आत्महत्या करने का अंदेशा और भी बढ़ जाता है।
- कुछ लोग (ज्यादातर औरतें) दूसरों का ध्यान अपनी ओर आकर्षित करने हेतु आत्महत्या की कोशिश करती हैं। उदाहरण के लिए दूसरों के सामने कलाई पर चाकू या ब्लेड द्वारा कट लगाना, गले में फंदा डालने की कोशिश करना आदि। इस प्रकार के लोग वास्तव में मरना नहीं चाहते, परंतु दूसरों का ध्यान अपनी ओर आकर्षित करने या फिर किसी जिम्मेदारी से बचने के लिए इस प्रकार के व्यवहार का सहारा ले लेते हैं। कई बार गलती से ऐसे लोग गंभीर रूप से घायल हो मौत का शिकार भी हो जाते हैं।

आत्महत्या व आत्महत्या की चेष्टा (दोनों में क्या अंतर है?)

अपने जीवन का अंत करने की पूरी कोशिश करना परंतु किसी न किसी कारणवश बच जाना आत्महत्या की चेष्टा कहलाता है। जब व्यक्ति यह चेष्टा करते समय अपनी जीवन लीला समाप्त कर बैठे, तब इस घटना को आत्महत्या कहते हैं।

आत्महत्या करने वाले व्यक्तियों के दिमाग के कुछ खास हिस्सों में रासायनिक पदार्थों जैसे 5-Hydroxyindole acetic acid व serotonin की कमी पाई जाती है। ऐसा बहुत से अध्ययनों में दर्शाया गया है।

औरतें पुरुषों की अपेक्षा मरने की कोशिश ज्यादा करती हैं, परंतु ज्यादातर में यह कोशिश आत्महत्या के अंजाम तक नहीं पहुंच पाती। पुरुष हालांकि मरने की कोशिश कम करते हैं, परंतु जब भी वे यह कोशिश करते हैं तो अकसर आत्महत्या कर बैठते हैं। इसलिए महिलाओं की अपेक्षा पुरुषों में आत्महत्या की घटनाएं दो से तीन गुना ज्यादा है। परंतु इसकी कोशिशों की घटनाएं औरतों में पुरूषों की बजाय तीन गुना ज्यादा पाई जाती हैं।

(रोग के उपचार संबंधी जानकारी हेतु पढ़े पेज नं.-194)

आज रेकी, नेचुरोपैथी, इलेक्ट्रोमैग्नेटो थैरेपी, स्पर्श थैरेपी आदि का बहुत जोर शोर से प्रचार किया जा रहा है। कोई भी व्यक्ति जिसे यह तक पता नहीं कि मनुष्य का दिमाग कैसे काम करता है, इन विंधियों का सहारा लेकर दावा करने लगता है कि उसके पास चिंता, उदासी व मानसिक तनाव आदि का सफल इलाज है। ऐसे अनाड़ी डॉक्टरों से बचें। यें विधियां जरूरी नहीं कि गलत हों, परंतु मनोरोगों के इलाज में ये विधियां मुख्य रूप से नाकामयाब सिद्ध हुई हैं। दुश्चिंता रोग की आरंभिक अवस्थाओं व हल्की-फुल्की मानसिक तनाव की स्थिति में ये विधियां अगर थोड़ा-बहुत असर दिखा भी दें, तो भी इनको गंभीर मानसिक रोगों के इलाज का उचित व प्रमाणित तरीका समझना गलत है।

कहीं आपकी पर्सनैलिटि या व्यक्तित्व में कोई विकार तो नहीं।

एक इंसान गुस्सैल है तो दूसरा शांत : आखिर क्यों?
एक व्यक्ति निडर है तो दूसरा दब्बू : आखिर क्यों?

एक इंसान कैसे बातचीत करता है, कैसे सोचता है, कैसा अनुभव करता है, किस प्रकार औरों से व्यवहार करता है, कैसा स्वभाव रखता है, किस तरह से काम करता है, कैसा चरित्र धारण करता है, ये सब बातें उसके व्यक्तित्व को प्रदर्शित करती हैं। यही गुण एक इंसान को दूसरे से अलग करते हैं। कोई वहमी है तो कोई बिल्कुल दब्बू। कोई लापरवाह किस्म का है तो कोई बेहद अनुशासित। यह पर्सनैलिटि (व्यक्तित्व) का ही अंतर है कि एक व्यक्ति अपने लोगों के बीच भी बातचीत करता हुआ घबराहट व झिझक महसूस करता है और वहीं दूसरा व्यक्ति मंच पर जाकर हजारों लोगों को एकसाथ संबोधित करने में जरा भी संकोच नहीं करता।

हर सफल काम के लिए बौद्धिक क्षमता आवश्यक है, परंतु इसके साथ एक ऐसा व्यक्तित्व भी होना जरूरी है जो कि मुश्किल परिस्थितियों में इंसान को सामान्य बनाए रखे।

> यह व्यक्तित्व का ही कमाल है कि एक इंसान औसत बुद्धि होते हुए भी कई तेज बुद्धि वाले लोगों पर शासन करता है। हमारे देश के कुछ लीडर इसका बेहतरीन उदाहरण हैं।

इंसान का व्यक्तित्व उसके आनुवांशिक गुणों (जींस), जो उसे माता-पिता से मिलते हैं, पालन-पोषण, घर स्कूल का माहौल आदि परिस्थितियों के आपसी तालमेल से बनता है।

अच्छे घरों व स्कूलों से संबंध रखने वाले व्यक्तियों के व्यक्तित्व में दोष मिलने की संभावना औरों की अपेक्षा थोड़ी कम होती है।

> व्यक्तित्व विकार से जूझ रहे ज्यादातर लोगों को पता नहीं होता कि वो भी इसके शिकार हैं। व्यक्तित्व विकार से ग्रस्त ज्यादातर लोगों को जब इस समस्या से अवगत कराया जाता है तो वे इस बात को स्वीकार नहीं करते। लगभग 5-10 प्रतिशत लोग व्यक्तित्व के विकारों से ग्रस्त हैं।

व्यक्तित्व विकार

हर इंसान का व्यक्तित्व दूसरे से भिन्न है। एक सामान्य व्यक्तित्व वाला व्यक्ति अपने जीवन को कभी भी बिखरने नहीं देता। वह अपने आपसी संबंधों, क्रिया-कलापों, व्यवहार, भावनाओं आदि को एक नियंत्रण में रखता है। परंतु कुछ इंसान ऐसा करने में असफल रहते हैं। उनके व्यक्तित्व में कुछ गंभीर खामियां व दोष होते हैं, जिनके चलते ये लोग अपने जीवन के साथ-साथ दूसरों की जिंदगी को भी कष्टमय बना देते हैं। इस स्थिति को मनोविज्ञान की भाषा में "व्यक्तित्व विकार" कहा जाता है।

जानिए तरह-तरह के व्यक्तित्व विकारों को। हो सकता है आप या आपका कोई निकट संबंधी ऐसे विकार से ग्रस्त हो।

पैरानायड व्यक्तित्व विकार (शक्की किस्म के इंसान)

(Paranoid Personality Disorder)

इस विकार से ग्रस्त लोगों में निम्नलिखित लक्षण पाए जाते हैं :

- किसी दूसरे व्यक्ति से दो टूक जवाब मिलने या फिर कोई काम न बनने पर जरूरत से ज्यादा संवेदनशील हो जाना।
- दूसरे लोगों की मंशा व काम करने के तरीकों पर हमेशा शक करना। (उदाहरण के लिए व्यक्ति जब भी घर के बाहर निकलता है तो उसे हमेशा यह लगता है कि दूसरे लोग उसकी चुगली कर रहे हैं।)

- दूसरे लोगों पर बेमतलब इल्जाम लगाने की आदत।
- अपनी पत्नी/महिला मित्र के चरित्र पर बेवजह शक करना।
- ऐसा महसूस करना जैसे कोई इनके खिलाफ साजिश रच रहा है।
- दूसरों की छोटी-छोटी गलतियों को भी नजरअंदाज न कर पाना व जरूरत से ज्यादा नाराज हो जाना।
- अपने अधिकारों को जरूरत से ज्यादा अहमियत देना।

इस प्रकार के विकार से ग्रस्त लोगों का पारिवारिक जीवन कष्टों से भरा रहता है, क्योंकि ये जल्दी से किसी पर विश्वास नहीं कर पाते। इसी कारण दूसरे लोग इनसे कटना शुरू कर देते हैं। अपने सहकर्मचारियों के साथ भी इनका बर्ताव सामान्य नहीं रह पाता।

स्कीजॉयड व्यक्तित्व विकार (उदासीन व्यक्तित्व)

(Schizoid Personality Disorder)

इस विकार से ग्रस्त व्यक्ति में निम्नलिखित लक्षण पाए जाते हैं :

- व्यक्ति को ज़ीवन में किसी भी प्रकार की गति विधि आनंद प्रदान नहीं करती।
- भावनात्मक रूप से उदासीन ये लोग सुख व दुख दोनों किस्म की भावनाओं से दूर प्रतीत होते हैं।
- किसी भी किस्म की तारीफ या बुराई के प्रति बहुत कम प्रतिक्रिया पैदा होना।
- दूसरों के प्रति अपनी भावनाओं को प्रदर्शित करने में जैसे गुस्सा, प्यार, नफरत आदि में असक्षम होना।
- यौन संबंधों में बहुत कम रुचि होना।
- ज्यादातर अकेले रहना पसंद करना व दुनियादारी से कम से कम मतलब रखना।
- अपने आप में खोये रहना।
- ऐसे लोगों के बहुत कम दोस्त होते हैं, क्योंकि ये दोस्ती करना पसंद ही नहीं करते।
- समाज में क्या चल रहा है, क्या हो रहा है आदि के प्रति उदासीनता।

ऐसे लोग समाज से कटे हुए रह कर भी कई बार रचनात्मक कार्य करने में कामयाब हो जाते हैं। जहां पर लोक व्यवहार की आवश्यकता न हो वहां पर ये व्यक्ति बिना परेशानी कार्य कर सकते हैं।

असामाजिक व्यक्तित्व विकार

(Antisocial Personality Disorder)

ऐसे लोगों के मुख्य लक्षण हैं :

- दूसरे की भावनाओं की कद्र न करना।
- समाज में चले आ रहे कानून के खिलाफ जाना व समाज के प्रति गैर जिम्मेदाराना रवैया अपनाना।
- आपसी संबंध बनाये रखने की क्षमता के बावजूद दूसरों से अच्छे संबंध न बना पाना।
- थोड़ी-सी भी कुंठा सहन न कर पाना व छोटी-छोटी बात पर लड़ने-मरने को तैयार रहना।
- अपराध बोध महसूस न कर पाना।
- दूसरों पर इल्जाम लगाना, अपने दोषों व कमियों को समाज पर लादना (उदाहरण के लिए एक असामाजिक व्यक्ति ने कुछ इस प्रकार से कहा, "नहीं, मैं लड़ाकू नहीं हूं, इस गली के लोग ही बड़े झगड़ालू किस्म के हैं)"

झूठ बोलना, धोखा देना, अपराध की तरफ रुख, नशाखोरी, घर से बिना बताए भागना आदि इस विकार के अन्य लक्षण हो सकते हैं। इस विकार से ग्रस्त लोग विश्वास के काबिल नहीं होते। अपने आप को सही साबित करने के लिए ये लोग तथ्यों को तोड़-मरोड़ कर प्रस्तुत करने में माहिर होते हैं। गुंडा किस्म के लोग अकसर इस प्रकार के विकार से ग्रस्त पाए जाते हैं।

भावनात्मक रूप से अस्थिर व्यक्तित्व विकार

(Emotionally Unstable Personality Disorder)

इन लोगों के मुख्य लक्षण हैं :

- अपने भावनात्मक संवेगों पर नियंत्रण न रख पाने के कारण अचानक लड़ने-मरने को तैयार हो जाना या फिर बिना सोचे-समझे निर्णय ले लेना।

- अपने खिलाफ छोटी-सी भी बात पर गुस्सा हो जाना। ये लोग किसी दूसरे व्यक्ति के द्वारा कही गई छोटी-सी बात पर भी अचानक झगड़ा शुरू कर सकते हैं।
- बिना सोचे-समझे जरूरत से ज्यादा पैसे खर्च डालना, अनजान लोगों से दोस्ती कर लेना।
- भावनात्मक तौर पर खालीपन व उदास महसूस करना।
- अपने बारे में, कि वो क्या हैं? अपने आप से क्या चाहते हैं? जिंदगी के लक्ष्य क्या हैं? आदि के बारे में भ्रमित रहना।
- मूड में अचानक व बार-बार बदलाव आना। (एक पल में खुश तो दूसरे ही पल चिड़चिड़ा हो जाना)
- ये लोग अगले पल में क्या करने जा रहे हैं? इसका अंदाजा लगाना मुश्किल होता है।
- अपनी जिद पूरी करने या बात मनवाने के लिए, मरने की धमकी देना या फिर अपने ही हाथ को चाकू से काटने लगना। कई बार दूसरों पर अपना गुस्सा व्यक्त करने लिए ये लोग अपने शरीर को ही चोट पहुंचाने लगते हैं, जैसे कि दीवार में सिर मारना ।
- एक पल में गहरी दोस्ती करना तो दूसरे पल अचानक तोड़ देना।
- बड़ी तेज रफ़्तार व खतरनाक तरीके से गाड़ी/स्कूटर आदि का चलाना।
- अकेलेपन से घबराना ।

इस प्रकार के लोगों को डिप्रेशन नामक बीमारी होने का खतरा हमेशा बना रहता है। ये व्यक्ति अपने परिवार वालों के लिए अकसर हर दूसरे या तीसरे दिन कष्टकारी व झगड़े वाली परिस्थितियां पैदा करते रहते हैं।

दिखावटी व्यक्तित्व विकार

(Histrionic Personality Disorder)

यह व्यक्तित्व विकार पुरुषों की अपेक्षा औरतों में ज्यादा पाया जाता है। मुख्य लक्षण इस प्रकार हैं :

- दूसरों के साथ अचानक किसी छोटी-मोटी दुख की घटना पर आंसू निकाल देना। नाटकीय ढंग से पेश आना जैसे पड़ोस की सहेली से ऐसे मिलना जैसे पता नहीं कितने सालों बाद मिले हों ।

- दूसरों का ध्यान अपनी ओर आकर्षित करने के लिए नए-नए तरीके अपनाना।
- अपने अहं की संतुष्टि में लगे रहना।
- अपनी बातों, भावनाओं व अनुभवों को दूसरों के सामने बढ़ा-चढ़ाकर पेश करना।
- दूसरे की बातों में जल्दी आ जाना।
- भावनात्मक रूप से कमजोर होना।
- छोटे-छोटी बातों के लिए दूसरों से सराहना प्राप्त करने की कोशिश में लगे रहना।
- भड़कीले कपड़ों व आभूषणों आदि का जरूरत से ज्यादा इस्तेमाल करना।

उम्र के साथ इनका दिखावटीपन कम होता जाता है। फिल्मों में काम करने वाले बहुत से कलाकार (खासकर नायिकाएं) इस विकार से ग्रस्त होते हैं।

आमतौर पर सभी व्यक्तित्व विकारों में उम्र के साथ-साथ (खासकर 40 वर्ष के बाद) सुधार आने लगता है। परंतु जीवन के सबसे महत्त्वपूर्ण वर्षों में ये विकार व्यक्ति के असफल जीवन का कारण बन जाते हैं।

सनकी (मनोग्रस्त) व्यक्तित्व विकार

(Obsessive-Compulsive Personality Disorder)

इस प्रकार के ग्रस्त व्यक्ति को आम लोग अकसर सनकी या वहमी के रूप में पहचानने लगते हैं। इस विकार के मुख्य लक्षण हैं :

- छोटी-छोटी बातों के प्रति जरूरत से ज्यादा सावधान रहना जैसे अलमारी में हर छोटी चीज तरतीब से लगाना, लिखते वक्त एक-एक अक्षर व मात्रा पर जरूरत से ज्यादा ध्यान देना आदि।
- जरूरत से ज्यादा अनुशासित जीवन जीना।
- हर काम को परफेक्ट करने की कोशिश में जरूरत से ज्यादा समय खराब कर देना।
- अत्यधिक कर्तव्य निष्ठा व उच्च नैतिक मूल्यों के कारण, उपलब्धियों व सफलताओं से वंचित रहना।

- दूसरों के हाथ में अपने काम न सौंप पाना (क्योंकि ऐसे व्यक्ति को डर लगा रहता है कि पता नहीं दूसरा इंसान दिए गए काम को ठीक ढंग से करेगा या नहीं)।
- जीवन के प्रति अपरिवर्तनीय व हठी नजरिया।
- कायदे-कानून को आवश्यकता से ज्यादा महत्त्व देना। इस विकार से ग्रस्त व्यक्तियों को एक काम पूरा करने में कई-कई दिन लग जाते हैं, क्योंकि यह हर काम पूरी तरह से सौ प्रतिशत ठीक करने के चक्कर में उलझे रहते हैं। ये लोग हंसी-मजाक भी कम करते हैं और इनकी दोस्ती भी कम ही लोगों से हो पाती है।

चिंताग्रस्त व्यक्तित्व विकार

(Anxious personality Disorder)

इस विकार से ग्रस्त व्यक्तियों के ये मुख्य लक्षण हैं :

- अपने आप को दूसरों से कम आंकना
- हर समय तनाव व घबराहट-सी महसूस करना।
- "अगर किसी ने बेइज्जत या नजरअंदाज कर दिया तो" जैसी भावनाओं से ग्रस्त होने के कारण दूसरे लोगों से मिलने से कतराना।
- ये उन्हीं लोगों से खुलकर मिल पाते हैं, जिन पर इनको पूर्ण विश्वास होता है कि वो इन्हें कुछ उलटा-सीधा नहीं कहेंगे।
- ये लोग खुलकर अपनी बात औरों के सामने नहीं रख पाते।
- औरों से मिलते समय आत्मविश्वास में कमी महसूस करना।
- दूसरों की कही आम बातों को भी मन से लगा लेना व परेशान हो जाना।

आमतौर पर ऐसे लोग उस प्रकार के व्यवसाय में जाना पसंद करते हैं जहां दूसरे लोगों से कम से कम मिलना पड़े, जैसे पढ़ाई-लिखाई का काम या कंप्यूटर ऑपरेटर का काम आदि।

दूसरों पर आश्रित व्यक्तित्व विकार

(Dependent Personality Disorder)

इस प्रकार के व्यक्तियों के मुख्य लक्षण हैं :

- अपने निर्णय खुद न ले पाना व इसके लिए दूसरों पर निर्भर रहना।

- अपने कार्यों के लिए ज्यादातर दूसरों के अधीन रहना।
- दब्बू बने रहना।
- जिन पर ये लोग आश्रित होते हैं, उनके लिए अपनी इच्छाओं का दमन करना और जरूरत से ज्यादा दयालु बने रहना।
- अपने छोटे-मोटे हर काम के लिए दूसरों से राय लेना।
- अगर इन लोगों को अकेले रहना पड़ जाए तो ये काफी परेशान हो जाते हैं और अपने आप को असुरक्षित महसूस करने लगते हैं।
- हमेशा यह डर लगा रहना कि कहीं इनका निकट संबंधी दोस्त या रिश्तेदार इन्हें छोड़कर दूर न चला जाए।

इस विकार से ग्रस्त व्यक्ति को अकसर अन्य लोग "चिपकू, दब्बू, डरपोक, भोला" आदि के नाम से पुकारने लगते हैं।

गुण होने के बावजूद ये लोग जीवन में ज्यादा कुछ हासिल नहीं कर पाते और दूसरों की उपलब्धियों का बखान करने में अपनी उम्र बिता देते हैं।

मायूस व्यक्तित्व विकार

(Depressive personality Disorder)

इस विकार से ग्रस्त व्यक्ति के मुख्य लक्षण हैं :

- जिंदगी के प्रति नकारात्मक नजरिया।
- हमेशा अपने आप में व परिस्थितयों में खामियां ढूंढ़ने की आदत।
- जीवन के हर पहलू में निराशावाद दृष्टिकोण।
- निर्णय न ले पाना, झिझक महसूस करना, मन में भय होना कि कहीं दूसरे लोग इनकी उपेक्षा न कर दें।
- जिंदगी में आम लोगों की तरह खुशी महसूस न कर पाना।
- मन में हमेशा हलकी-हलकी उदासी-सी महसूस करना।
- जीवन में कुछ नया करने की इच्छा का पैदा न होना।
- अपने आप को दूसरों से कम आंकना।
- आत्मविश्वास में कमी।

ये लोग भविष्य में उदासी (डिप्रेशन) का शिकार भी होते देखे गए हैं।

इंसान के व्यक्तित्व में बदलाव निम्नलिखित स्थितियों में भी आ सकता है :

मिरगी का रोग	सिर पर गंभीर चोट
पक्षाघात	हारमोंस में गडबड़
एड्स	मानसिक आघात
अन्य मानसिक रोग	

सम्राट अशोक, कलिंग के युद्ध के बाद गहरे मानसिक तनाव (अपराध बोध) से गुजरा था, जिसके कारण उसका पूरा व्यक्तित्व ही बदल गया और एक हिंसक राजा की जगह वह एक ऐसा सकारात्मक इंसान बन गया जिसने अपना सारा जीवन समाज कल्याण के कार्य में लगा दिया।

घमंडी व्यक्तित्व विकार

(Narcissitic Personality Disorder)

ऐसे व्यक्तियों के मुख्य लक्षण हैं :

- अपने आप को जरूरत से ज्यादा महत्त्वपूर्ण व खास समझना।
- अपने खिलाफ मामूली-सी बात भी सहन न कर पाना।
- नाम कमाने व पापुलर होने की जरूरत से ज्यादा लालसा।
- दूसरों की बातों व निर्णयों को तुच्छ समझना।
- आपसी संबंधों में तनाव रहना, क्योंकि ऐसे लोग हमेशा अपनी ही बात ऊपर रखने की कोशिश में लगे रहते हैं और मधुर संबंध बनाने में नाकाम हो जाते हैं।
- दूसरों के दुख को समझने की कोशिश न करना।
- अहंकार की भावना ज्यादा होने के कारण इस प्रकार के लोग अकसर उदासी की तरफ अग्रसर हो जाते हैं।
- बुढ़ापे में इस विकार से ग्रस्त लोगों को काफी परेशानियों का सामना करना पड़ सकता है।

इस विकार से ग्रस्त व्यक्ति की पत्नी व बच्चे या तो उसके साथ रहना पसंद नहीं करते या फिर सारा जीवन दब्बू बनकर गुजार देते हैं। (हिटलर इसी प्रकार के विकार से ग्रस्त होता प्रतीत होता है। बड़े-बड़े नेताओं, अभिनेताओं आदि में अकसर इस प्रकार के गुण मिलते हैं।)

जो व्यक्ति इन लोगों के अहं की तुष्टि करता रहे उसके लिए ये लोग किसी भी हद तक जाकर मदद करने की कोशिश करते हैं।

> अलग-अलग व्यक्तित्व विकारों में दिए गए लक्षण जरूरी नहीं कि एकसाथ एक ही व्यक्ति में हों, कई बार एक ही इंसान में दो या दो से अधिक व्यक्तित्व विकारों के लक्षण भी मौजूद हो सकते हैं। उदाहरण के लिए एक इंसान घमंडी के साथ-साथ शक्की व्यक्तित्व विकार से भी ग्रस्त हो सकता है।

(रोग के उपचार संबंधी जानकारी हेतु पढ़े पेज नं.-198)

आंखें झपकाना, गर्दन का झटकाना, कंधे उचकाना या चेहरे का ऐंठना टिक्स डिसऑर्डर के लक्षण

बच्चों व युवाओं में शरीर को मटकाने या झटकाने की आदत आखिर क्या है?

. . . .

रोहन, उम्र 10 वर्ष, 5वीं कक्षा का विद्यार्थी है। पिछले चार साल से रोहन के मम्मी-पापा उसकी कुछ हरकतों जैसे बार-बार आंखें झपकाना, भौंहें ऊपर चढ़ाना, कंधे मटकाना, अजीब से भाव चेहरे पर पैदा करना आदि से काफी परेशान हैं। वो इन हरकतों के लिए न जाने कितनी ही बार उसको डांट-फटकार लगा चुके हैं। वास्तव में रोहन उन सब पर कंट्रोल करना चाहता है। परंतु नाकाम रहता है। इस समस्या के कारण रोहन अपने दोस्तों व रिश्तेदारों के बीच मजाक का केंद्र भी बन गया है।

. . . .

अकेला रोहन नहीं, न जाने कितने और बच्चे व युवा लोग इस प्रकार की परेशानी से ग्रस्त हैं। परंतु जानकारी के अभाववश उचित इलाज नहीं करा पाते। सच्चाई तो यह है कि यह समस्या एक न्यूरोसाइक्रेटिक रोग है जिसको "टिक्स डिसऑर्डर" कहा जाता है। वैज्ञानिक इस रोग का कारण दिमाग में मौजूद डोपामीन व ओपीआयड नामक रसायनों में आ रही गड़बड़ी को मानते हैं।

लक्षण

- आमतौर पर यह समस्या बचपन में ही पैदा होने लगती है और उम्र के बढ़ने के साथ-साथ इसके लक्षणों में बदलाव आता रहता है। कुछ में यह समस्या कम होने लगती है, तो कुछ में बढ़ भी सकती है।

- बार-बार आंखें झपकाना, गर्दन मटकाना, कंधे झटकाना, हाथ-पैर मटकाना, भौंहें ऊपर चढ़ाना, चेहरे बनाना, दांत दिखाना, होंठ काटना, जीभ अंदर-बाहर करना, गले से आवाज करना, खांसी करना, जबड़ा हिलाना आदि आमतौर पर पाए जाने वाले टिक्स हैं।
- अन्य प्रकार की हरकतें भी पैदा हो सकती हैं जैसे-अपने कहे वाक्यों को बार-बार दोहराना, सूंघना, जानवर की तरह भौंकना, कूदना, अपशब्द बोलना, दूसरों के व्यवहार या बातों की नकल करना आदि। इस प्रकार के टिक्स गंभीर किस्म के माने जाते हैं और कम देखने में आते हैं।

आंखें झपकाता व गर्दन मटकाता हुआ व्यक्ति

- ये हरकतें रोगी जान-बूझकर नहीं करता। रोगी अगर चाहे तो थोड़ी देर के लिए इन्हें रोक जरूर सकता है, परंतु छोटे बच्चे ऐसा करने में सक्षम नहीं होते।
- आराम करते वक्त, सोते समय या फिर कहीं और ध्यान बंटने पर ये हरकतें (टिक्स) कम हो जाती हैं।
- घबराहट व मानसिक तनाव की स्थिति में टिक्स के होने की संभावना बढ़ जाती है।
- आमतौर पर टिक्स की समस्या जवान होने के साथ-साथ कम होती जाती है, परंतु गंभीर किस्म के टिक्स बाद तक भी रह सकते हैं।
- गंभीर किस्म के टिक्स वाले बच्चों में दूसरी मानसिक समस्याएं जैसे मायूसी, चिन्ता, ध्यान भंग, सनकीपन आदि भी मौजूद होने का अंदेशा बना रहता है।

उपाय

अगर टिक्स बहुत ही हलके हैं तो घबराएं नहीं। ऐसी स्थिति में माता-पिता या बच्चा खुद इन पर ज्यादा ध्यान न दे तो बेहतर है। क्योंकि इस प्रकार के टिक्स अपने आप ठीक हो जाते हैं, परंतु निम्नलिखित स्थितियों में इस समस्या का इलाज जरूरी है :

- ❑ अगर टिक्स जरूरत से ज्यादा हों या गंभीर किस्म के हों।
- ❑ अगर टिक्स व्यक्ति की दिनचर्या या क्रिया-कलापों पर असर डालने लगें।
- ❑ इन हरकतों को लेकर मन में हीन भावना पैदा होने लगे।
- ❑ दूसरे लोगों से मिलने में झिझक पैदा होने लगे।
- ❑ इस समस्या के साथ-साथ अन्य मानसिक समस्याओं की मौजूदगी।

टिक्स के इलाज के लिए मनोचिकित्सक दो तरीकों का इस्तेमाल करते हैं। पहला है दवाओं द्वारा। कुछ खास किस्म की दवाएं इस रोग की रोकथाम में काफी मददगार साबित हुई हैं। दवाओं के कुछ साइड इफेक्ट्स होने के कारण इनका सेवन हमेशा मनोचिकित्सक की देखरेख में ही होना चाहिए। दूसरे तरीके में कुछ तकनीकें (जैसे हैबिट रिवर्सल) ईजाद की गई हैं, जिनके प्रयोग से टिक्स की समस्या पर काबू पाने में मदद मिलती है। याद रखें, ऐसी स्थिति में बच्चे को डांटना-फटकारना और गंभीर समस्याएं पैदा कर सकता है। इसकी बजाय जल्द से जल्द समस्या के निवारण हेतु योग्य मनोचिकित्सक की सलाह लें।

यौन समस्याएं

ज्यादातर यौन समस्याएं, मन की ही समस्याएं हैं

लैंगिक या यौन (सेक्स) क्रियाएं किसी भी जीव द्वारा की गई अनिवार्य क्रियाएं हैं, जिसके कारण वह मृत्यु के बाद भी अपनी संतान के रूप में जीवित रहता है।

शुरू से भारतीय समाज में इस विषय को अत्यन्त गोपनीय समझकर इस पर चर्चा करना वर्जित रखा गया। इसी कारण यौन विषयों को लेकर तरह-तरह की भ्रांतियां व अंधविश्वास समाज में व्याप्त हो गई।

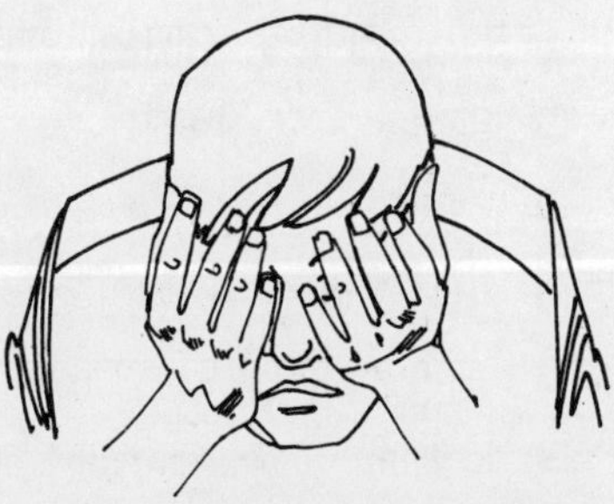

यौन समस्याओं से ग्रस्त व्यक्ति

न जाने कितने व्यक्ति इन अंधविश्वासों के चलते अपने आप को सेक्स के विषय में कमजोर या बीमार समझने लगते हैं और नीम हकीमों के जाल में फंस हजारों रुपये बर्बाद कर गुमराह हो जाते हैं।

परंतु अब सामाजिक परिवेश बदलने लगा है। बढ़ते मीडिया प्रचार व शिक्षा के चलते अब यह गोपनीय विषय नहीं रहा है। आज आम इंसान इस विषय को वैज्ञानिक दृष्टिकोण से देखते हुए, इससे जुड़ी समस्याओं से छुटकारा पाना चाहता है।

> भारत के छोटे-बड़े शहरों में हर रोज बहुत से अयोग्य व अनपढ़ नीम हकीम मासूम लोगों को उलटी-सीधी यौन संबंधी बीमारियां बताकर लूट रहे हैं। ये लोग बड़े-बड़े पत्रिकाओं व अखबारों तथा मैगजीन में नोट आदि देकर, सेक्स संबंधी समस्याओं से जूझ रहे लोगों को आकर्षित कर अपने जाल में फंसा लेते हैं।

वास्तव में 90 प्रतिशत यौन संबंधी परेशानियां मनोवैज्ञानिक कारणों से पैदा होती हैं। केवल 10 प्रतिशत समस्याओं के पीछे कारण शारीरिक होता है।

यौन समस्याओं से ग्रस्त पुरुषों के आम लक्षण

- मैथुन करते समय वीर्य का बहुत जल्द या समय से पहले लिंग से निकल जाना। (ऐसा कभी कभार हो तो कोई समस्या नहीं है, परंतु ऐसा लगातार होना यौन समस्या का सूचक है। इसे मेडिकल भाषा में Premature Ejaculation व देसी भाषा में शीघ्रपतन कहा जाता है)
- इंद्री में तनाव न आना।
- यौन इच्छा में कमी।
- यौन क्रिया में आनंद न आना (स्खलन अक्षमता) (Retarded Ejaculation)

इसके अलावा ये लक्षण भी पैदा हो सकते हैं जैसे :

- घबराहट, डर, चिंता।
- उदासी।
- गंभीर अवस्था में आत्महत्या के विचारों का पैदा होना।
- शादी के विषय पर टाल-मटोल।
- लिंग के आकार को लेकर वहम।

> क्योंकि ज्यादातर सेक्स संबंधी समस्याओं का कारण इस विषय में ज्ञान की कमी है, इसलिए उचित यौन शिक्षा (यौन विषय पर वैज्ञानिक ज्ञान) द्वारा बहुत-सी समस्याओं से छुटकारा पाया जा सकता है।

- धात गिरने का मन में वहम बैठना (जो कि वास्तव में यौन विषय पर सही जानकारी प्राप्त न होने की वजह से पैदा होता है)
- सहवास के समय अपने प्रदर्शन को लेकर मन में डर।
- रात्रि में स्वाभाविक रूप से हो रहे वीर्यपात को लेकर मन में गलतफहमी।
- वीर्य के रंग रूप आदि को लेकर वहम।

अब जानिए अलग-अलग यौन समस्याओं के बारे में

1. शीघ्रपतन (Premature Ejaculation)

यह पुरुषों की ऐसी यौन समस्या है जिसमें व्यक्ति का चाहने से पहले ही वीर्य स्खलन हो जाता है। ऐसा अकसर संभोग की क्रिया शुरू करने से पहले या उसके तुरंत बाद हो जाता है। यह कभी-कभार किसी भी व्यक्ति के साथ हो सकता है, परंतु ऐसा लगातार होना एक यौन समस्या है। यह समस्या ज्यादातर नवविवाहित युवकों में पाई जाती है।

कारण

- संभोग को लेकर मन में अत्यधिक चिंता।
- स्त्री से मनमुटाव।
- लंबे समय तक संयम बरतने के बाद संभोग की कोशिश।
- यौन विषयों पर ज्ञान का अभाव।

उपचार

यह कोई गंभीर रोग नहीं है। उचित ज्ञान व व्यावहारिक चिकित्सा द्वारा इस समस्या पर बिना दवा के आसानी से काबू पाया जा सकता है। कुछ व्यक्तियों में खास दवाओं का इस्तेमाल भी करना पड़ सकता है। मनोचिकित्सक इसके उपचार में निम्नलिखित तरीके अपनाते हैं :

- निश्चलता का अभ्यास
- रोगी को यौन विषय पर व्यावहारिक ज्ञान देना
- कुछ खास तकनीक व व्यायामों का उपयोग (जो कि क्रमबद्ध तरीके से स्त्री व पुरुष दोनों को सिखाया जाता है। उदाहरण के लिए Squeeze तकनीक व Stop & Start तकनीक आदि)।
- व्यावहारिक उपचार से ही ज्यादातर व्यक्ति इस समस्या से छुटकारा प्राप्त कर लेते हैं, परंतु इस विधि में आराम धीरे-धीरे (15 दिन से 30 दिन) आता है। जिन लोगों में ये विधियां कामयाब नहीं रहतीं या फिर जिनमें जल्दी असर चाहिए होता है, उनमें दवाओं का इस्तेमाल जरूरी हो जाता है।

2. लिंग में तनाव की समस्या (Erectile Dysfunction)

सफल संभोग हेतु लिंग का निश्चित सीमा तक तनाव में रहना जरूरी है, अन्यथा योनि प्रवेश संबंधी समस्याएं पैदा होने लगती हैं। बहुत से सेक्स रोगी इसी समस्या से जूझ रहे होते हैं। हर सौ पुरुषों में से लगभग 15 से 20 पुरुष इसी समस्या का शिकार हैं। उम्र बढ़ने के साथ-साथ इस रोग के बढ़ने का अंदेशा भी बढ़ जाता है। इस समस्या से जूझ रहे व्यक्ति चिंता रोग, डिप्रेशन आदि का शिकार भी होते देखे गए हैं।

इस समस्या के रूप

- कभी भी तनाव का न बनना। व्यक्ति जिंदगी में कभी भी तनाव अनुभव नहीं करता।
- पहले तनाव ठीक आ रहा होता है, परंतु बाद में धीरे-धीरे या फिर अचानक यह समस्या पैदा हो जाती है।

> 40 वर्ष से 70 वर्ष के बीच लगभग 50 प्रतिशत पुरुष लिंग में तनाव संबंधी समस्याओं से ग्रस्त हैं। इनमें 10 प्रतिशत पुरुषों को बिल्कुल भी तनाव नहीं आ पाता।

- तनाव का बनना परंतु संभोग से पहले या करते समय ढीलापन आ जाना।
- आंशिक रूप से तनाव का बनना।
- बिल्कुल भी तनाव न बनना।

कारण

इस समस्या के दो मुख्य कारण हैं :

1. मनोवैज्ञानिक
2. शारीरिक

मनोवैज्ञानिक कारण

ये कारण ज्यादातर जवान पुरुषों में पाए जाते हैं।

- यौन विषय पर ज्ञान की कमी के चलते पैदा हुई चिंता के कारण तनाव का न बन पाना इस समस्या का मुख्य मनोवैज्ञानिक कारण है। उदाहरण

के लिए एक नवविवाहित पुरुष सोचता है 'क्या मैं पहली रात को संभोग सफल तरीके से कर पाऊंगा'? इसी चिंताजनक सोच के कारण लिंग में तनाव संबंधी समस्या पैदा होने लगती है। सही तनाव के लिए मन का हर प्रकार की चिंता से मुक्त होना बेहद आवश्यक है।

- अपराध भावना : बचपन में की गई हस्तमैथुन की क्रियाओं को लेकर कुछ लोग फालतू में अपराध बोध पाल लेते हैं। इसी कारण भयभीत रहने लगते हैं और बिना किसी ठोस कारण के लिंग में तनाव संबंधी समस्याओं से ग्रस्त रहने लगते हैं।
- यदि पुरुष पहली संभोग क्रिया उचित ढंग से न कर पाए तो वह मन में डर बैठा लेता है कि पता नहीं वह भविष्य में यौनक्रिया में सफल भी हो पाएगा या नहीं? इसी भय के चलते तनाव संबंधी समस्या पैदा होने लगती है।
- पत्नी से मनमुटाव : आपसी मनमुटाव भी इस समस्या का कारण हो सकता है।
- अत्यधिक धार्मिक वातावरण : अत्यधिक धार्मिक माहौल में पले-बढ़े व्यक्ति (जहां पर यौन विषय बिल्कुल वर्जित हो) इस समस्या के शिकार हो सकते हैं।
- मानसिक रोग : दुश्चिंता रोग, डिप्रेशन, सिक्जोफ्रेनिया आदि मनोरोग में भी व्यक्ति इस यौन समस्या का शिकार हो सकता है।

> मनोवैज्ञानिक कारणों से पैदा हुई लिंग में तनाव की समस्या से कुछ लोग अपने आपको गलती से शारीरिक रूप से बीमार समझकर, तरह-तरह की दवाओं (ताकत की दवाओं) का सेवन करते देखे गए हैं। परंतु ताकत की दवाएं इस समस्या का उचित इलाज नहीं हैं।

शारीरिक कारण

ये कारण ज्यादातर बढ़ती उम्र के पुरुषों में पाए जाते हैं :

- कोई भी लगातार चलता गंभीर शारीरिक रोग कामेच्छा को कम कर नपुंसकता का कारण बन सकता है। मुख्य शारीरिक कारण इस प्रकार हैं :

- मधुमेह (शूगर), दिमाग में रसौली, रीढ़ की हड्डी व मेरुरज्जु से जुड़ी समस्याएं।
- हारमोंस संबंधी रोग जैस थाइराइड ग्रंथि का सही ढंग से काम न करना, अंडकोषों में हारमोंस का न बनना या कम पैदा होना।
- पेट के निचले हिस्सों में हुई शल्य चिकित्सा की वजह से कई बार जननांगों से जुड़ा तंत्रिका तंत्र सही ढंग से काम करना बंद कर देता है जिसके कारण तनाव न आने की समस्या पैदा हो जाती है।
- मम्पस (कनफेडे)।
- लिंग में विकार, जननांगों का गंभीर चोट से क्षतिग्रस्त होना।
- दवाएं : मानसिक रोगों के उपचार हेतु दी गई कुछ खास दवाएं व अन्य दवाइयां जैसे कलोनीडीन, प्रोपरानालोल, इंडोमीथासीन, डिजोक्सीन, मोरफीन आदि भी नपुंसकता पैदा कर सकती हैं।
- नशाखोरी की आदत।
- आनुवंशिक विकार।

उपचार

सबसे पहले यह जानना जरूरी होता है कि इंद्री में तनाव से जुड़ी समस्या का कारण मनोवैज्ञानिक (अर्थात् साइकोलोजिकल) है अथवा शारीरिक। इस समस्या का कारण पता करने हेतु चिकित्सक की मदद आवश्यक है। नपुंसकता के शिकार व्यक्ति की इंद्री में अगर सोते समय, स्वप्न में या फिर किसी अन्य समय अपने आप पूरा तनाव आ जाता है तो समझ लीजिए समस्या का कारण मनोवैज्ञानिक है। दोनों कारणों में अंतर जान पाना कई बार चिकित्सक के लिए कठिन हो जाता है। ऐसी स्थिति में सही कारण जानने हेतु विशेष जांचों का इस्तेमाल करना पड़ता है। धीरे-धीरे पैदा हुई इंद्री में तनाव की समस्या शारीरिक कारणों की ओर सूचित करती है।

मनोवैज्ञानिक कारणों से पैदा हुई नपुंसकता की समस्या हेतु ये विधियां काम में लाई जाती हैं : यौन शिक्षा, मानसिक उपचार (इस उपचार में व्यक्ति के भ्रमों को दूर किया जाता है), संयुक्त दांपत्य चिकित्सा (इसमें पति-पत्नी दोनों को एकसाथ यौन संबंधी क्रमबद्ध विधियां सिखाई जाती हैं), व्यवहार चिकित्सा, निश्चलता का अभ्यास आदि। कई बार मनोवैज्ञानिक कारणों हेतु विशेष दवाओं,

वैक्युम पम्प यंत्र आदि का भी इस्तेमाल किया जाता है। दवाओं व यंत्रों का इस्तेमाल हमेशा चिकित्सक की देखरेख में ही किया जाता है।

शारीरिक कारणों से पैदा हुई नपुंसकता के उपचार हेतु सबसे पहले जांचों द्वारा असली शारीरिक कारणों तक पहुंचा जाता है। कारण मिलने पर उसका निदान किया जाता है, जिससे (नपुंसकता) अपने आप नियंत्रण में आ जाती है। उदाहरण के लिए अगर षण्डता का कारण हारमोंस का अंसतुलन है, तब इस असंतुलन को दूर कर इस समस्या से मुक्ति पाई जा सकती है। कई बार शारीरिक रोग को दूर करने के पश्चात भी षण्डता की समस्या ठीक नहीं हो पाती, ऐसी स्थिति में निम्नलिखित तरीके अपनाए जाते हैं :

- ❑ विशेष दवाएं जैसे सिलडेनाफिल सिट्रेट, एमफिटामिंस आदि।
- ❑ लिंग में दिए जाने वाले इंजेक्शन (इस विधि में रोगी को खुद लिंग में इंजेक्शन लगाना सिखाया जाता है, जिससे तुंरत तनाव पैदा होने लगता है।)
- ❑ हॉरमोंस
- ❑ शल्य पद्धतियां (जैसे पैनाइल इम्प्लान्ट, प्रोसथैसिस) आदि।

3. यौन इच्छा में कमी

इस समस्या से ग्रस्त व्यक्तियों में यौन क्षमता पूरी होते हुए भी, यौन विषयों में रुचि कम होने लगती है और शारीरिक संबंध बनाने का मन नहीं करता। यह समस्या पुरुषों की अपेक्षा महिलाओं में ज्यादा पाई जाती है।

कारण

- ❑ डिप्रेशन (पढ़े पेज नं.-10)।
- ❑ दुश्चिंता (पढ़े पेज नं.-17)।
- ❑ मानसिक थकान (पढ़े पेज नं.-27)।
- ❑ दवाओं के साइड इफेक्ट्स।
- ❑ हॉरमोंस का असंतुलन।
- ❑ आपसी संबंधों में तनाव।

उपचार

मूल कारण (उदाहरण के लिए डिप्रेशन या मानसिक थकान आदि) को दूर करने पर यह समस्या अपने आप नियंत्रित होने लगती है। इस समस्या में कुछ मानसिक उपचार की विधियां भी कारगर सिद्ध हुई हैं। इसके अलावा कुछ खास दवाएं चिकित्सक की देखरेख में इस्तेमाल की जा सकती हैं।

4. आखिर क्या है धात गिरने का रोग? (क्या वीर्य, वीर्यवान् होने का प्रतीक है?)

"धात गिरना" नामक रोग भी यौन विकारों में से एक है। यह रोग युवाओं में व्यापक रूप से देखने को मिलता है। यौन-शिक्षा व जानकारी के अभाववश बहुत से युवा पुरुष अपने आप को धात गिरने संबंधी रोग से ग्रस्त मानते हैं। वास्तव में यह कोई शारीरिक रोग न होकर, ज्ञान की कमी व समाज में फैली गलत धारणाओं के कारण, मानसिक स्तर पर पैदा हुई एक समस्या है। अधिकांश भारतवर्ष में यह गलत धारणा व्यापक रूप से प्रचलित है कि वीर्य शरीर की ताकत है, और इसकी एक बूंद रक्त की कई बूंदों के लगातार अस्थि मज्जा में पकने से बनती है। इसलिए किसी भी रूप में इसका शरीर से बाहर निकलना शरीर को कमजोर व खोखला बना देता है। यह गलत विचार-धारा भी है कि स्वप्न-दोष (नींद में वीर्य स्खलन), हस्त-मैथुन या संभोग के कारण अधिक मात्रा में वीर्य का ह्रास, शारीरिक व मानसिक विकास को रोक देता है तथा यौन-शक्ति कमजोर पड़ जाती है अर्थात् पुरुष नपुंसक हो जाता है।

वास्तव में ये सभी मनगढ़ंत बातें व धारणाएं रूढ़िवादी सोच व ज्ञान की कमी का नतीजा हैं, जो कि 'धात गिरना' जैसे मनोविकार को जन्म देता है। इसी सोच के चलते व्यक्ति, वीर्य को अपने शरीर की अमूल्य वस्तु समझने लगता है और किसी भी कारण इसके शरीर से निकल जाने पर चिंतित व निराश होने लगता है। उसका मन अपराध-बोध से ग्रस्त होने लगता है और धीरे-धीरे एक ऐसी मनोस्थिति पैदा हो जाती है, जो कि एक अच्छे भले व्यक्ति को अकारण ही अपने आपको रोगी समझने पर मजबूर कर देती है।

सेहत न बनना, आत्मविश्वास में कमी, थकान इत्यादि वीर्य के ह्रास से नहीं, अपितु गलत सोच से पैदा हुई मनोस्थिति की वजह से उत्पन्न हुई समस्याएं हैं। इन लक्षणों को कुछ अनजान लोग हस्तमैथुन से जोड़कर, बचपन में की गई गलतियों का नतीजा समझने लगते हैं। धात गिरना कोई रोग नहीं है, अपितु यह एक मन का विकार है।

वास्तव में, यदि पुरुष के जननांगों की कार्यप्रणाली को ठीक से समझ लिया जाए तो इस प्रकार का कोई भी मनोविकार पैदा ही न हो। हस्तमैथुन, स्वप्नदोष तथा मल-विसर्जन के समय चिपचिपे सफेद रंग के पदार्थ का लिंग से बाहर आना, मनुष्य के शरीर की स्वाभाविक क्रियाएं हैं, कोई रोग नहीं। जैसे ही इंसान जवानी की ओर कदम रखता है, तभी उसके अंडकोशों में वीर्य बनने की प्रक्रिया शुरू हो जाती है । जब यह वीर्य जरूरत से ज्यादा बन जाता है तब स्वप्न में अपने-आप उत्तेजना के फलस्वरूप बाहर निकल आता है। इसी शारीरिक प्रक्रिया को स्वप्नदोष अथवा नाइट-फाल का नाम दे दिया जाता है। यह एक दोष अथवा रोग न होकर एक सामान्य प्रक्रिया है।

वीर्य का शारीरिक व मानसिक ताकत के साथ कोई संबंध नहीं है। यह केवल भ्रम है कि ताकतवर होने के लिए वीर्य का होना जरूरी है। अगर ऐसा होता तो हिजड़ों (किन्नर) के शरीर इतने बलशाली न होते। इन लोगों में वीर्य का निर्माण नहीं होता, फिर भी वो शारीरिक व मानसिक तौर पर किसी भी आम इंसान की तुलना में कमजोर नहीं होते।

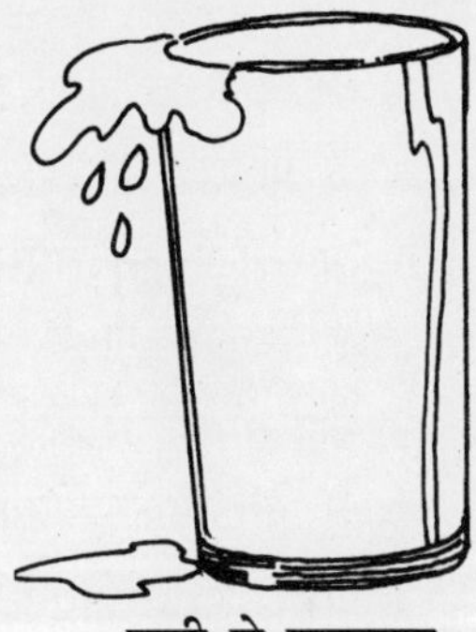
पानी से छलकता हुआ गिलास

जैसे कि किसी बर्तन में पानी पूरा भर जाने पर बाहर निकलने लगता है, उसी प्रकार अंडकोशों में वीर्य के ज्यादा इकट्ठा हो जाने पर, यह इस क्रिया के रूप में बाहर निकलने लगता है। इस प्रकार मल-विसर्जन के समय मलाशय मूत्रवाहिका पर दबाव डालता है जिसके कारण वाहिका में मौजूद ग्रंथियों का स्राव बूंदों के रूप में बाहर निकलने लगता है। इस सामन्य क्रिया को भी गलती से 'धात गिरना' समझ लिया जाता है। वीर्य, अंडकोशों में बने शुक्राणुओं व अन्य ग्रंथियों में बने द्रव्यों का एक मिश्रण है, जिसका शारीरिक, मानसिक तथा यौन-शक्ति से कोई संबंध नहीं है।

जिस प्रकार पसीने, लार तथा आंसुओं आदि का शरीर से विसर्जन होने पर कोई दुष्प्रभाव नहीं पड़ता, उसी प्रकार वीर्य का किसी भी रूप में शरीर से बाहर निकलना कोई दुष्प्रभाव पैदा नहीं करता। वास्तव में यह अंडकोशों में बनने वाला टैस्टोस्टीरोन नामक हॉरमोन है जो कि पुरुषों में शारीरिक व

यौन शक्ति को बनाए रखता है, परंतु यह हारमोन सीधे ही रक्त के जरिए शरीर में प्रवेश कर जाता है। यह हारमोन वीर्य में मौजूद नहीं होता।

नवयुवकों में इस प्रकार के भ्रमों को दूर करने के लिए शिक्षा प्रणाली में उचित यौन-शिक्षा का होना अति आवश्यक है, ताकि इन सभी पहलुओं पर प्रकाश डाला जा सके और इस विषय के बारे में खुले तौर पर बातचीत करने का माहौल बन सके। उचित यौन-शिक्षा द्वारा एड्स व अन्य गुप्त रोगों पर भी रोक लगाने में मदद मिल सकती है। इस संदर्भ में उचित जानकारी व आवश्यक सहायता किसी भी योग्य मनोरोग विशेषज्ञ से परामर्श कर, ली जा सकती है।

अंत में कहा जा सकता है कि 'धात गिरना' कोई रोग नहीं है। बल्कि यह एक सामन्य एवं स्वाभाविक क्रिया है। इस क्रिया को शरीर की अन्य क्रियाओं की तरह स्वीकार करें और खुद को रोगी न समझें।

यौन संबंधी समस्याओं के विषय में समय रहते ही उचित परामर्श करना व सही जानकारी प्राप्त करना ही सही कदम है, तभी समाज में व्याप्त यौन संबंधी समस्याओं, गलत धारणाओं व विकारों से छुटकारा मिल पाएगा।

ध्यान दें

- 95 प्रतिशत यौन संबंधी समस्याओं के पीछे कारण मनोवैज्ञानिक है। 5 प्रतिशत समस्याएं शारीरिक कारणों की वजह से पैदा होती हैं।
- भारत में यौन समस्याओं का मुख्य कारण इस विषय में सही वैज्ञानिक ज्ञान की कमी है।
- इस समस्या से कोई भी पुरुष ग्रस्त हो सकता है। नीम हकीम के चक्कर में न फंसकर योग्य मनोचिकित्सक से इस विषय पर सलाह लें।
- युवकों में हस्तमैथुन के प्रति शर्म की भावना भी ज्ञान की कमी की वजह से ही है। हाथ द्वारा लैंगिक अंगों में हरकत पैदा कर कामुक आनंद प्राप्त करना एक स्वाभाविक क्रिया है। इसका शरीर, दिमाग पर कोई दुष्प्रभाव नहीं पड़ता। कामुक संतुष्टि का यह सुरक्षित व सरल उपाय है।
- लगभग 80-90 प्रतिशत पुरुष व 50-60 प्रतिशत महिलाएं हस्तमैथुन करती हैं।
- कुछ पुरुष लिंग के आकार के बारे में काफी भ्रमित व चिंतित रहने लगते हैं और कई बार उल्टी-सीधी दवाओं का सेवन भी कर लेते हैं।

तनाव के वक्त लिंग की 2 इंच की लंबाई भी सफल शारीरिक संबंधों के लिए काफी है। इससे ज्यादा बड़ा आकार यौन क्षमता को बढ़ावा देगा, एक गलत धारणा है।

- भारतीय समाज में यह माना जाता है कि सुहागरात के दिन मर्दानगी दिखाने के लिए प्रथम रात्रि को सफल शारीरिक संबंधों का होना जरूरी है। वास्तव में यह बिल्कुल गलत व बेबुनियाद धारणा है। शुरू-शुरू में चिंता व उचित ज्ञान की कमी के कारण स्त्री-पुरुष एक दूसरे को समझ नहीं पाते, जिसके चलते कई बार सहवास सही ढंग से नहीं हो पाता। इस असफलता को पुरुष एक बहुत बड़ा विषय बनाकर कुंठित रहने लगता है और बिना कारण यौन समस्याओं का शिकार हो जाता है।
- विवाह से पहले युवकों में भय होता है कि वे शारीरिक संबंध बनाने में पूरी तरह सक्षम हैं या नहीं। अपनी इसी क्षमता को जांचने के लिए कई बार युवक वेश्याओं के पास जाना शुरू कर देते हैं। यह एक गलत कदम है। इस प्रकार के आचरण से यौन संबंधी रोगों तथा एड्स होने का खतरा बढ़ जाता है। बेहतर होगा अगर ऐसी स्थिति में किसी मनोचिकित्सक से मिल, यौन विषयों पर बातचीत कर अपने भ्रमों को दूर कर लिया जाए।
- आज ज्यादातार यौन समस्याओं का उचित वैज्ञानिक उपचार उपलब्ध है, जो कि योग्य चिकित्सक की देखरेख में मिल सकता है। इन समस्याओं के इलाज हेतु मनोचिकित्सक के अलावा अन्य चिकित्सक जैसे यूरोलोजिस्ट, एंडोक्राइनोलोजिस्ट आदि की मदद भी ली जा सकती है।
- मनोवैज्ञानिक कारणों से पैदा ज्यादातार यौन संबंधी समस्याओं को यौन शिक्षा व मानसिक उपचार की पद्धतियों से काबू किया जा सकता है।
- तथाकथित सेक्स क्लीनिकों में जाने से बचें, क्योंकि भारतवर्ष में ज्यादातर ऐसे क्लीनिक अप्रशिक्षित डॉक्टरों द्वारा चलाए जाते हैं जो कि अखबारों व मैग्जींस में बड़े-बड़े आकर्षक विज्ञापन दिए रहते हैं। अपना इलाज वैज्ञानिक तथ्यों पर आधारित चिकित्सा के द्वारा करवाना ही सबसे उचित कदम है। आज यह चिकित्सा योग्य मनोचिकित्सकों के पास उपलब्ध है।

पूरे भारत में इस समय केवल 3500 योग्य मनोचिकित्सक हैं जो कि भारत की जनसंख्या के हिसाब से काफी कम हैं। इसी कारणवश ज्यादातर मन से बीमार व्यक्ति सही मार्गदर्शन से वंचित रह जाते हैं और तांत्रिकों, जादू-टोनों व बाबाओं आदि के चक्कर में फंस जाते हैं। आज हालत यह है कि हर 3 लाख लोगों के लिए भारत में केवल एक मनोचिकित्सक है।

कैसे करता है मनोचिकित्सक मन को स्वस्थ

आखिर कौन है मनोचिकित्सक?

मनोचिकित्सक एक क्वालीफाइड चिकित्सक होता है जो कि मन की समस्याओं व रोगों का मनोवैज्ञानिक, दवाओं व अन्य विकसित तकनीकों द्वारा इलाज करता है। वह हलकी-फुलकी मानसिक समस्या (जैसे मन का अंतरद्वंद्व से लेकर गंभीर मन के रोगों का गहराई से अध्ययन करता है। मनोचिकित्सक एक संवेदनशील, चिन्तनशील व स्वतंत्र निर्णय लेने वाला चिकित्सक होता है, जिसे मानसिक रोगों के अलावा मनोविज्ञान, नीतिशास्त्र, समाजशास्त्र, धर्म, मानवविज्ञान, अपराध विज्ञान आदि में आवश्यक ज्ञान प्राप्त होता है। एम.बी.बी एस करने के पश्चात् मनोचिकित्सा के क्षेत्र में डिग्री कोर्स करने के बाद ही व्यक्ति मनोचिकित्सक बनता है।

> बढ़ते मानसिक तनाव व लगातार बढ़ती मनोरोगियों की संख्या को देखते हुए आने वाले कुछ सालों में हर परिवार के लिए फेमिली फिजीशियन के साथ-साथ मनोचिकित्सक की भी सख्त जरूरत पड़ने लगेगी।

मनोचिकित्सक से जुड़ी कुछ खास बातें

मन की बीमारियों को दूर करने के लिए मनोचिकित्सक मन की जटिल प्रक्रियाओं जैसे इंसान कैसे सोचता है? मन कैसे काम करता है? अनुभव कैसे होता है? कैसे इंसान एक पल में सुखी और दूसरे पल में दुखी हो जाता है? आदि का गहरा अध्ययन करता है।

इसके अलावा वह यह भी अध्ययन करता है कि कैसे मन और शरीर आपस में एक दूसरे पर असर डालते हैं? मन और तन आपस में मिलकर किस तरह से काम करते हैं? इसका भी मनोचिकित्सक गहराई से अध्ययन करते हैं।

कई वर्षों से हर प्रकार के इंसान से बातचीत करते-करते मनोचिकित्सक व्यक्ति के मन को काफी हद तक पढ़ना सीख लेते हैं।

जिस प्रकार अन्य डॉक्टर मरीज की नाड़ी व पेट पर हाथ रखकर शारीरिक बीमारियों का पता लगाने की कोशिश करते हैं, उसी प्रकार मनोचिकित्सक भी रोगी व उसके परिवार वालों से गहराई से बातचीत कर मन की बीमारियों का पता लगा लेते हैं।

बातचीत के अलावा कई बार बीमारी को पकड़ने के लिए मनोचिकित्सक व मनोवैज्ञानिक कुछ मेडिकल टैस्टों का सहारा भी लेते हैं, जैसे आई क्यू टेस्टिंग (बौद्धिक क्षमता की जांच) सीटी स्कैन, इ.इ.जी. आदि

मनोचिकित्सक मनोरोग के उपचार हेतु अन्य प्रशिक्षित व्यक्तियों जैसे मनोवैज्ञानिक, सोशल वर्कर आदि की भी मदद लेता है।

एक मनोचिकित्सक का कार्य काफी जटिल व गंभीर किस्म का होता है जिसके लिए उसे काफी धैर्य रखना पड़ता है।

किस प्रकार होती है मनोचिकित्सा ?

सबसे पहले मन से परेशान व्यक्ति के साथ विस्तार में बातचीत की जाती है। आवश्यकता पड़ने पर, व्यक्ति के अलावा उसके परिवार वालों से भी उसके व्यवहार, काम-काज के तरीके, स्वभाव, बचपन आदि के बारे में जानकारी हासिल की जाती है। इसी दौरान रोगी की केस फाइल तैयार कर ली जाती है जिसमें उसका नाम, पता व अन्य महत्त्वपूर्ण बातें नोट कर ली जाती हैं। यह सब रिकॉर्ड गोपनीय रखा जाता है। बिना व्यक्ति की मर्जी के रिकॉर्ड किसी दूसरे को नहीं दिखाया जाता।

इस प्रकार कई बार तो पहली बातचीत में ही बीमारी पकड़ में आ जाती है और उसका तुरंत इलाज शुरू भी हो जाता है। समस्या बहुत गंभीर होने पर व्यक्ति को दाखिल कर लिया जाता है, अन्यथा ओ.पी.डी. के आधार पर ही व्यक्ति की मनोचिकित्सा शुरू कर दी जाती है।

बीमारी पकड़ में न आने पर कई बार मनोचिकित्सक, मनोवैज्ञानिक व अन्य चिकित्सकों की मदद भी लेता है ।

जटिल मनोरोग की स्थिति में रोगी के व्यवहार को गहराई से अध्ययन करने हेतु भी, कई बार मरीज का अस्पताल में दाखिला जरूरी हो जाता है।

मनोपचार

मन को रोग से मुक्ति दिलाने हेतु मनोचिकित्सक निम्नलिखित विधियों का इस्तेमाल करते हैं :

1. मानसिक विधियों द्वारा उपचार
2. रासायनिक दवाओं व अन्य विधियों द्वारा उपचार

1. मानसिक विधियां

इन विधियों में व्यक्ति के मन व उसकी समस्या को समझकर मनोचिकित्सक कुछ तरीकों जैसे व्यवहार चिकित्सा, रेचन, सुझाव, बातचीत, पुनर्शिक्षा, संवेदनविहीनता आदि का इस्तेमाल करता है। इन विधियों का निर्धारण व्यक्ति के रोग व उसकी परिस्थितियों को ध्यान में रखकर किया जाता है। इसके अलावा मानसिक विधियों में इन तरीकों का भी इस्तेमाल होता है :

- सम्मोहन चिकित्सा
- निश्चलता का अभ्यास
- खेल चिकित्सा
- समूह चिकित्सा आदि
- साइकोथैरेपी

2. रासायनिक दवाएं व अन्य विधियां

इसमें निम्नलिखित तरीकों का इस्तेमाल किया जाता है :

- दवाओं द्वारा : ये दवाएं व्यक्ति के दिमाग की कोशिकाओं व शरीर के तंत्रिका तंत्र पर असर करती हैं और व्यक्ति के मन व व्यवहार में आवश्यक बदलाव लाने में सहायक होती हैं। अलग-अलग मन के रोगों के लिए अलग-अलग दवा का इस्तेमाल किया जाता है।
- बिजली के टीके (ई.सी.टी., Electro Convulsive Therapy) इस विधि में दिमाग को बिजली की बेहद कम मात्रा से उत्तेजित किया जाता है। जिससे गंभीर मानसिक रोगों को तुरंत ठीक करने में काफी मदद मिलती है। एक उदास व्यक्ति जो कि आत्महत्या करने पर उतारू है, उसका मन इस विधि द्वारा काफी जल्दी बदला जा सकता है। यह विधि गंभीर मानसिक रोगों के उपचार में बेहद कारगार सिद्ध हुई है। आम जनता में इस उपचार के बारे में अनेक भ्रम प्रचलित हैं, जो कि अज्ञानता वश हैं। आजकल इस विधि में व्यक्ति को बेहोश करने के बाद विद्युत ऊर्जा को दिमाग में प्रवाहित किया जाता है, जिसका मरीज को बिल्कुल भी पता नहीं चलता।
- मनोशल्य चिकित्सा : यह चिकित्सा अभी ज्यादा इस्तेमाल में नहीं आ पाई है। इसमें दिमाग की शल्यचिकित्सा कर व्यक्ति को मन के रोगों से मुक्ति दिलाने की कोशिश की जाती है। अन्य सब विधियों के फेल हो जाने पर खास मरीजों में इसका इस्तेमाल किया जाता है।

कुछ और विधियां जो इस्तेमाल की जाती हैं :

- लाइट थैरेपी।
- स्लीप डिप्राइवेशन आदि।

कुछ नई तकनीक जो कि भविष्य में इस्तेमाल की जाएंगी :

- वी.एन.एस. (Vagus Nerve Stimulation)।
- ट्रांस क्रेनियल मैग्नेटिक स्टीमूलेशन (इसके अभी अध्ययन चल रहें हैं)।

मन अदृश्य है, इसलिए इससे जुड़ी समस्याएं कई बार दूसरों को नजर नहीं आतीं और इंसान अंदर ही अंदर इनसे घुटता रहता है। अपने मन की समस्याओं को पहचानिए और इनका वैज्ञानिक हल ढूंढने में जुट जाइए।

मानसिक रोगों का उपचार

कई तरह के मानसिक रोग

डिप्रेशन से मुक्ति

आज के युग में डिप्रेशन का इलाज कोई मुश्किल काम नहीं रहा है, परंतु इसके लिए सही समय पर रोग की पहचान तथा मनोरोग चिकित्सक से संपर्क अत्यंत आवश्यक है। इस रोग का इलाज कई प्रकार से किया जाता है :

1. **दवाइयां :** इस रोग के इलाज में ऐंटीडिप्रेसेंट दवाइयां काफी लाभदायक सिद्ध हुई हैं। आजकल इस रोग के इलाज हेतु अनेक प्रकार की दवाइयां उपलब्ध हैं, जोकि रोगी की आयु व रोग के लक्षणों को ध्यान में रखकर दी जाती हैं। ये दवाइयां, नशा करने वाली दवाइयों से बिल्कुल भिन्न हैं तथा इनकी कोई लत या आदत आदि भी नहीं पड़ती। इन दवाइयों का असर आने में 2-3 सप्ताह का समय लग जाता है और कम से कम 6 महीने तक रोगी को इनका सेवन करना पड़ता है। इसके बाद धीरे-धीरे इन दवाइयों को बंद कर दिया जाता है, परंतु कुछ रोगियों में ये दवाएं काफी लंबे समय तक भी लेनी पड़ सकती हैं। अकसर देखा गया है कि रोगी दवाई के चलते, कुछ समय पश्चात् ठीक अनुभव करने पर स्वयं ही बिना किसी डॉक्टरी सलाह के दवा बंद कर देते हैं, जिसके कारण रोगी में घबराहट, चिड़चिड़ापन व नींद की कमी जैसी समस्याएं फिर से उभर कर सामने आने लगती हैं। अतः रोगी को इलाज पूरा होने के बाद, डॉक्टरी सलाह के अनुसार ही दवा बंद करनी चाहिए।
2. **मनोचिकित्सा (साइको-थैरेपी) :** इस विधि में मनोचिकित्सक या मनोवैज्ञानिक मरीज से बातचीत करके डिप्रेशन के सामाजिक व मानसिक कारणों का पता लगाते हैं। कारणों का विश्लेषण कर लेने के बाद, रोगी के सोचने

के नजरिए तथा व्यवहार में बदलाव किया जाता है, जो कि उसको डिप्रेशन से उभरने में मदद करता है। इस विधि द्वारा मनोचिकित्सक रोगी को उत्साह, हौंसला व सही मार्गदर्शन प्रदान करता है जिसके फलस्वरूप वह काफी राहत महसूस करने लगता है।

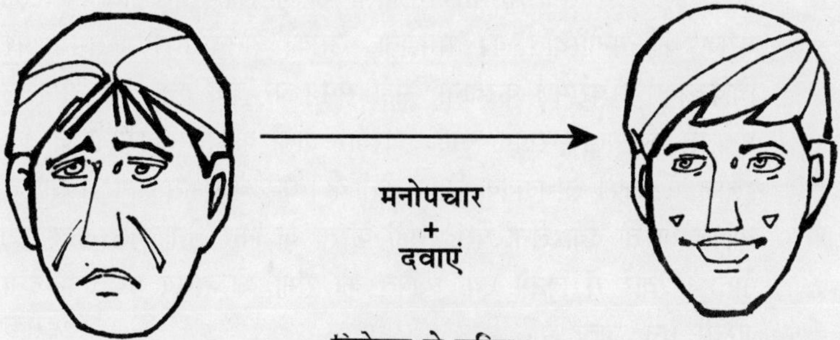

डिप्रेशन से मुक्ति

3. **निश्चलता का अभ्यास, ध्यान व अन्य योग क्रियाएं :** निश्चलता के अभ्यास में रोगी को शरीर की मांसपेशियों को रिलैक्स करना अर्थात् उन्हें ढीला छोड़ना सिखाया जाता है, जिसमें 40-50 मिनट तक का समय लगता है। इस अभ्यास की मनोचिकित्सक से ट्रेनिंग लेनी पड़ती है। अन्य योग क्रियाएं तथा मेडिटेशन आदि भी प्रशिक्षित व्यक्ति की देख-रेख में प्रयोग में लाए जा सकते हैं। ये विधियां डिप्रेशन की प्रारंभिक अवस्थाओं में लाभदायक सिद्ध हो सकती हैं, परंतु रोग की गंभीर अवस्थाओं में ये विधियां कामयाब नहीं हैं। (इन क्रियाओं के बारे में पेज नं 206 पर चर्चा की गई है।)

4. **ई.सी.टी (बिजली द्वारा इलाज) :** यह एक सुरक्षित तथा दर्दरहित प्रक्रिया है। इस विधि में रोगी को बेहोश करके उसके मस्तिष्क में नियंत्रित तरीके से बिजली प्रवाहित की जाती है। इस इलाज में रोगी को कोई विशेष कष्ट नहीं होता। यह विधि दवाइयों तथा अन्य विधियों की अपेक्षा बहुत जल्दी असर करती है। डिप्रेशन के गंभीर होने या फिर दवाओं के बेअसर होने पर, ई.सी.टी. द्वारा किया गया इलाज काफी लाभदायक सिद्ध होता है। इस विधि में रोगी के दिमाग पर कोई बुरा असर नहीं पड़ता। यह सोचना कि एक बार बिजली द्वारा इलाज करने पर रोगी को हमेशा ही इस पर निर्भर रहना पड़ेगा, एक गलत धारणा है।

5. **अन्य विधियां :** कुछ अन्य विधियां जैसे कि लाइट-थैरेपी, बायोफीडबैक, म्यूजिक थैरेपी आदि भी प्रयोग में लाई गई हैं। आने वाले समय में 'चुंबकीय किरणों,' 'वेगस तंत्रिका को उत्तेजित करना' आदि द्वारा भी डिप्रेशन का इलाज किया जाएगा।

   इसके इलाज में रोगी के परिवार वालों की भूमिका सबसे महत्त्वपूर्ण है। मरीज की मनोस्थिति को समझना, उसको सुनना, समय-समय पर चिकित्सक से परामर्श करवाना, सही समय पर दवा देना तथा रोगी के मनोबल को बढ़ाए रखना आदि परिवार वालों की जिम्मेदारी है जो कि इलाज में काफी लाभदायक सिद्ध होती है। कई बार इस रोग से पीड़ित व्यक्ति या तो दवा लेना पसंद नहीं करता या फिर लेना भूल जाता है। अतः परिवार में किसी एक व्यक्ति का रोगी को समय पर दवा देना जरूरी बन जाता है।

गम है तो क्या? खुशी भी आएगी

- बड़ी-बड़ी हस्तियां लेखक, वैज्ञानिक, संगीतकार, लीडर इस बीमारी से ग्रस्त रह चुके हैं।
- यह बीमारी कुछ विशेष दवाओं व काउंसिलिंग (बातचीत) द्वारा आमतौर पर बिल्कुल ठीक हो जाती है।
- गम के बाद खुशी का आना एक सामान्य प्रक्रिया है, अतः क्यों न उचित इलाज द्वारा डिप्रेशन के कष्टकारी समय को जल्दी समाप्त कर दिया जाए।

ध्यान देने योग्य अन्य बातें

1. मरीज के इलाज में कभी कोताही न बरतें तथा समय रहते ही इलाज करवाएं।
2. चिकित्सक के कहे अनुसार रोगी को समय-समय पर दिखाते रहें।
3. दवाएं कभी भी अपनी मर्जी से या एकदम भी बंद मत करें।
4. इलाज की अवधि लंबी हो सकती है। इसका निर्धारण मनोचिकित्सक खुद करता है।
5. अगर रोगी अपने आप को नुकसान पहुंचाने की कोशिश करे या आत्म हत्या के विचार प्रकट करे तो एकदम सतर्क हो जाएं तथा तुरंत चिकित्सक से संपर्क करें। अन्यथा कभी भी अनहोनी घटना घट सकती है।

6. एक बार इस रोग के होने पर इसके दोबारा होने की आशंका हमेशा बनी रहती है। जैसे ही थोड़े-से भी लक्षण व्यक्ति में दोबारा दिखाई दें, तभी अपने मनोचिकित्सक से मिलकर परामर्श करें।
7. रोगी से कभी भी गलत व्यवहार न करें तथा उसके सामने नकारात्मक बातें करने से परहेज रखें, जैसे "ये तो बहुत बेकार बीमारी है, इसका तो बड़ा लंबा इलाज चलता है" आदि।
8. रोगी की अन्य लोगों के सामने आलोचना करने से बचें। उसका हर प्रकार से साथ दें तथा मनोबल बढ़ाए रखें।
9. डिप्रेशन में रोगी को शरीर में थकान, दर्द व कमजोरी महसूस होने लगती है जिसे कई बार गलती से शारीरिक बीमारी समझ लिया जाता है और अनावश्यक टेस्टों पर पैसा व समय बर्बाद कर दिया जाता है। इसलिए इसके लक्षणों की पहचान करना ही इसके इलाज में सबसे महत्त्वपूर्ण कदम है।

जीवन संघर्षों से भरा एक कठिन मार्ग है, जिसमें कभी-कभी डिप्रेशन जैसा ठहराव आ सकता है। यह ठहराव जितना छोटा हो तथा जितनी जल्दी समाप्त हो जाए उतना ही जीवन प्रगतिशील तथा चलाय मान बना रह सकता है।

कैसे मिले दुश्चिंता के रोग से मुक्ति?

दुश्चिंता के रोग से मुक्ति पाने हेतु नीचे लिखे तरीके इस्तेमाल में लाए गए हैं :

1. **मनोपचार द्वारा :** इस विधि में व्यक्ति के मन में चल रहे मानसिक अंतरद्वंदों को समझकर उनका हल ढूंढ़ा जाता है। व्यक्ति को चिंता कैसे होती है और इसमें किस प्रकार के शारीरिक लक्षण पैदा होते हैं आदि विषयों पर ज्ञान दिया जाता है। रोगी के अपने आस-पास के वातावरण, भविष्य व अन्य स्थितियों के बारे में पैदा हुई नकारात्मक सोच को बदलकर सकारात्मक रूप दिया जाता है। उदाहरण के लिए गांव में रह रही एक मां पिछले कई सालों से रोज यह सोच-सोच कर परेशान होती है कि कहीं उसका बेटा (जो कि हर रोज शहर जाकर नौकरी करता है) सड़क दुर्घटना का शिकार न हो जाए या फिर नौकरी से निकाल न दिया जाए।

बेटे द्वारा लाख समझाने पर भी मां अपनी सोच को बदलने में असफल रहती है। मनोचिकित्सक ऐसी स्थिति में उस औरत की सोच को बदलने का कैसे प्रयत्न करता है, पढ़िए। वह उससे पूछता है, "माता जी क्या आपके बेटे को पिछले दो सालों में आज तक कुछ भी गलत हुआ है? जिसके बारे में आप हर रोज सोचती हैं?" मां कहती है "नहीं"। तब चिकित्सक उसे समझाता है "माता जी जब पिछले कई सालों में ऐसा कुछ नहीं हुआ तो आप क्यों सारा-सारा दिन गलत सोचकर खुद को कष्ट दे रहीं हैं। अगर आप भगवान में थोड़ा भी विश्वास रखती हैं तो ऐसा सोचना बिल्कुल बेकार है। जो होना होगा वह हो ही जाएगा, उसे आप रोक नहीं सकतीं, चाहे कितना भी सोच लें।" यह सुनते ही माता जी के चेहरे पर शांति नजर आने लगती है। चार-पांच बार और इस प्रकार मनोचिकित्सक से बातचीत करने पर उसकी नकारात्मक सोच बदलने लगती है। बातचीत के द्वारा मनोचिकित्सक चिंताग्रस्त रोगी के सोचने के गलत नजरिए को लगातार चुनौती देकर उसमें लगातार सुधार करता चला जाता है।

कई बार मरीज चिकित्सक से खुलकर बातचीत करने पर ही दुश्चिंता से काफी राहत महसूस करने लगता हैं।

2. **श्वास क्रियाओं द्वारा निश्चलता का अभ्यास :** इनके इस्तेमाल से व्यक्ति को तुरंत राहत मिलने लगती है। एक बार सीख लेने पर मरीज को ये क्रियाएं हर रोज घर पर करनी होती हैं। इनको नियमित रूप से करना जरूरी होता है, अन्यथा ये क्रियाएं अपना पूरा प्रभाव नहीं दिखा पातीं। कुछ मरीजों में जिनका रोग ज्यादा गंभीर नहीं है उनमें मनोपचार व निश्चलता का अभ्यास ही रोग से मुक्ति दिला सकता है। (इन क्रियाओं के बारे में पेज नं 200, 206 पर चर्चा की गई है।)
3. **दवाओं के द्वारा :** आमतौर पर इस रोग के उपचार हेतु दो किस्म की दवाओं का प्रयोग किया जाता है (1) बैंजोडाइजापींस (2) ऐंटीडिप्रेसेंट। ज्यादातर शुरुआत में मरीज को दोनों किस्म की दवाएं दी जाती हैं। धीरे-धीरे 3-4 सप्ताह में बैंजोंडाइजापींस बंद कर दी जाती है और मरीज को लंबे समय तक एंटीडिप्रेसेंट दवा की हलकी मात्रा लेनी होती है। बैंजोडाइजापींस नशे की लत पैदा कर सकती है, इसलिए इनका बंद करना जरूरी होता है। ऐंटीडिप्रेसेंट दवाओं की लत नहीं पड़ती और इनका

शरीर व दिमाग पर कोई नुकसान भी नहीं होता। इसलिए इनका लंबे समय तक सेवन किया जा सकता है। इलाज शुरू होने पर मरीज को कभी भी अपने आप दवा बंद करने की कोशिश नहीं करनी चाहिए। ऐसा करने से पहले चिकित्सक की सलाह आवश्यक होती है।

कुछ स्थितियों में विशेष दवाएं भी प्रयोग में लाई जाती हैं। कई बार चिंतारोग से पीड़ित व्यक्ति के मन में दवा के प्रति वहम बैठ जाता है कि कहीं वह इनका आदी न हो जाए। इसी सोच के चलते वह अपने आप दवा बंद कर, बेमतलब के उलटे-सीधे चक्करों में पड़ जाता है। कई बार रोगी के रिश्तेदार भी यह कहकर, "क्या नशे की दवा खाता रहता है, बंद कर दो इनको उसके मन में शंका डाल देते हैं। ऐसी स्थिति में मनोचिकित्सक से खुलकर अपने डर व वहमों के बारे में बात करना उचित रहता है।

4. **अन्य इलाज :** योगा, संगीत, व्यायाम आदि भी इस रोग में मदद कर सकते हैं। परंतु ये सभी गंभीर दुश्चिंता की स्थिति में कोई विशेष लाभदायक नहीं होते।

कुछ पुस्तकें जैसे "चिंता छोड़ो सुख से जियो" (लेखक– डेल कारनेगी), "Relaxation Techniques" (लेखक– डा. अविनाश चन्द्रा), "श्रीमद् भगवद्गीता" आदि रोग से जूझ रहे व्यक्तियों के लिए काफी मददगार साबित हो सकती हैं।

ध्यान दें

- चिंता करना कोई परेशानी वाली बात नहीं है, परंतु जरूरत से ज्यादा चिंतित होना जिसके कारण जीवन कष्टमय होने लगे, दुश्चिंता रोग का लक्षण हो सकता है।
- आज के बढ़ते तनावपूर्ण वातावरण में बच्चे भी इस रोग का शिकार हो रहे हैं। पेट-दर्द, शरीर में कमजोरी, शरीर-दर्द, ज्यादा पसीना आना आदि बच्चों में इस रोग के सूचक हो सकते हैं।
- दुश्चिंता के लक्षण दिखाई पड़ने पर जल्द से जल्द किसी अच्छे मनोचिकित्सक से मिलकर इसका उपचार शुरू करें। क्योंकि बिना इलाज की स्थिति में यह रोग गंभीर रूप भी ले सकता है, और व्यक्ति आगे चलकर डिप्रेशन, नशाखोरी आदि गंभीर समस्याओं का शिकार हो सकता है।

- रोग गंभीर न होने पर कुछ यौगिक व श्वास क्रियाएं इस समस्या में मदद कर सकती हैं, परंतु इन क्रियाओं को हमेशा विशेषज्ञ की देख-रेख में ही सीखना चाहिए। गंभीर अवस्था में यह रोग इन क्रियाओं से काबू में लाना मुश्किल हो जाता है। ऐसी स्थिति में दवाओं व अन्य विधियों का इस्तेमाल जरूरी हो जाता है। इस रोग के इलाज की अवधि कुछ महीनों से लेकर कुछ सालों तक हो सकती है।
- 100 में से 5 व्यक्ति कभी न कभी अपनी जिंदगी में इस रोग का शिकार बनते हैं।
- मनोचिकित्सक इस रोग के इलाज के लिए दवाओं, निश्चलता के अभ्यासों व मनोपचार का एकसाथ इस्तेमाल करते हैं ताकि रोग हर तरफ से पकड़ में आ जाए।
- जो लोग गहरे मानसिक दवाब जैसे प्रियजन की मृत्यु, नौकरी से निकाला जाना, घर छूट जाना, व्यापार में भारी नुकसान आदि से गुजरते हैं, उनमें दुश्चिंता रोग होने की संभावना बढ़ जाती है।

परिवार वालों का रोगी के रोग व उसके लक्षणों के बारें में समझना बेहद जरूरी है। उनका रोगी के प्रति व्यवहार दुश्चिंता को बढ़ाने या घटाने में बहुत बड़ा रोल अदा करता है। समझदार साथी रोगी की मानसिक तौर पर मदद कर रोग को जल्द खत्म करने में काफी सहायक सिद्ध हो सकते हैं।

मानसिक थकान से मुक्ति

मानसिक थकान के लक्षण दिखाई देने पर व्यक्ति को सबसे पहले डॉक्टरी जांच करानी चाहिए ताकि इन लक्षणों के पीछे किसी और रोग की मौजूदगी का पता लगाया जा सके।

एक बार पता चलने पर कि पैदा हुए लक्षण मानसिक थकान की वजह से ही हैं, तब नीचे दिए उपाय इस्तेमाल कर व्यक्ति इस समस्या से मुक्ति पा सकता है।

- निश्चलता का अभ्यास : यह क्रिया तनावग्रस्त लोगों में बहुत ही फायदेमंद सिद्ध हो सकती है। (पढ़े पेज नं. 206)
- श्वास क्रियाएं : तनाव की स्थिति में श्वास क्रिया तेज व बेतरतीब हो जाती है। व्यक्ति पेट की जगह, छाती की मांसपेशियों का ज्यादा उपयोग

करने लगता है। आराम की अवस्था में हम सांस लेते समय, छाती की जगह, उदर की मांसपेशियों का ज्यादा इस्तेमाल करते हैं। तनाव की स्थिति में व्यक्ति श्वास लेते समय छाती पर ज्यादा जोर डालने लगता है। श्वास क्रियाओं में मुख्य तौर पर छाती की बजाय उदर से श्वास लेने की विधि सिखाई जाती है, जो कि तनाव के समय स्थिति को नियंत्रित रखने में मदद करती है। ये क्रियाएं तनाव को दूर कर शरीर को तरोताजा व उर्जावान बनाए रखती है। (ज्यादा जानने हेतु पढ़ें पेज नं.-200)

- व्यायाम व ध्यान : एरोबिक एक्सरसाइज जैसे 15-20 मिनट की हलकी दौड़ या जोगिंग, तनाव के दुष्प्रभावों को दूर करने में सहायक होती है। मेडिटेशन व ध्यान की अन्य क्रियाएं भी निश्चित तौर पर आराम पहुंचाती हैं, परंतु तनाव की गंभीर स्थितियों में इन क्रियाओं का करना थोड़ा मुश्किल हो जाता हैं।
- समस्याओं को क्रमबद्ध करें : गंभीरता अनुसार अपनी समस्याओं को क्रम में लिख लें। जो समस्या प्रमुख व वर्तमान में निपटानी आवश्यक हो, पहले उसको हल करें। उसके बाद दूसरी समस्याओं का हल ढूंढ़ें।
- कुछ चिंताओं को बाद के लिए छोड़ दें : कुछ लोग बेकार की ऐसी चिंताओं से घिरे रहते हैं, जिनका न तो एकदम कोई हल निकल सकता है और न ही वो फिलहाल कोई मायने रखती हैं। उदाहरण के लिए एक मां जिसकी बेटी केवल दस वर्ष की है, चिंता कर रह रही है कि 'पता नहीं मेरी बेटी बड़ी होकर क्या बनेगी? शादी करके कौन से घर जाएगी? उसका पति कैसा होगा?' इत्यादि। ऐसी चिंताएं भविष्य के लिए छोड़ दें। समय अपने आप इनका हल ढूंढ़ लेगा।
- खाली मत बैठें : कई बार खाली बैठे रहना भी मन को नकारात्मक विचारों की ओर ले जाता है। इसलिए अगर आप के पास काफी खाली वक्त है तो उसको किसी रचनात्मक व सृजनात्मक कार्यों में लगाइए जैसे बागवानी, कुकिंग, पेंटिंग, संगीत आदि।
- सोचने का तरीका बदलिए : याद रखिये आप वो हैं जो आप सोचते हैं। अतः सोच को सकारात्मक बनाइए। अगर आप कोई स्थिति नहीं बदल सकते, तब अपने आपको स्थिति के अनुसार बदल लीजिए।
- दवाइयों का सेवन : कुछ दवाइयां भी मानसिक तनाव से मुक्ति दिलाने में मदद कर सकती हैं, परंतु इन्हें कभी भी बिना डॉक्टरी सलाह के

नहीं लेना चाहिए। बिना सोचे-समझे दवाइयों का सेवन गंभीर समस्याओं जैसे नशाखोरी, दिमागी मंदता आदि को जन्म दे सकता है।

- इसके अलावा कई अन्य तरीके भी उपयोग में लाए गए हैं जैसे बायोफीडबैक, मसाज, हिप्नोसिस इत्यादि। देखा जाए तो तनाव पर नियंत्रण पाने हेतु कई विधियां और तरीके हैं, परंतु कौन-सा उपाय किस स्थिति में लाभदायक होगा यह व्यक्ति विशेष के व्यक्तित्व व उसकी परिस्थितियों पर निर्भर करता है। सोचे-समझे ढंग से किए जीवन शैली में बदलाव कुछ समय बाद इंसान को काफी कुछ देकर जाते हैं। इसलिए चाहे छोटे से कदम से ही शुरू करें, एक दिन आप तनावमुक्त जीवन जीना सीख जाएंगे और मानसिक थकान आपके पास भी नहीं फटकेगी। यदि फिर भी आप मानसिक थकान से मुक्ति पाने में असफल रहते हैं या सही दिशा नहीं पाते हैं तब मनोरोग विशेषज्ञ से मिलने में देर नहीं करनी चाहिए।

ध्यान दें

- शारीरिक बीमारी, खून की कमी आदि में भी मानसिक थकान के लक्षण हो सकते हैं। मानसिक थकान के लक्षण अस्थायी व रूप बदल-बदल कर प्रकट होते हैं, जब कि शारीरिक बीमारी की वजह से पैदा हुए लक्षण आमतौर पर स्थायी रहते हैं।
- सही डायग्नोसिस न हो पाने के कारण लोग इस बीमारी से लंबे समय तक ग्रस्त रहते हैं और उलटी-सीधी दवाओं व इलाज के चक्करों में फंस जाते हैं।
- यह रोग ज्यादातर मानसिक श्रम करने वालों को ही अपनी गिरफ्त में लेता है। शारीरिक मेहनत करने वाले इससे बचे रहते हैं।
- एक अध्ययन के अनुसार : 100 में से 12 लोग मानसिक थकान का शिकार हैं।
- गलती से भी मानसिक थकान को दूर करने के लिए नशों (शराब, सिगरेट) आदि का इस्तेमाल न करें।
- तनाव व थकान से मुक्ति पाने के लिए समस्याओं से लड़ना या भागना समस्या हल नहीं करेगा, उसके लिए समस्याओं का वास्तविक हल ढूंढ़ना होगा। (जिस प्रकार अमिताभ बच्चन ने जिंदगी के सबसे कठिन दिनों में अपनी परेशानियों के वास्तविक हल ढूंढ़कर अपने आपको व स्थितियों को संभाला)।

फोबिया का इलाज (डर से मुक्ति)

फोबिया के इलाज हेतु आज अनेक मनोवैज्ञानिक तरीके तथा औषधियां उपलब्ध हैं, जो कि इस प्रकार हैं।

- **व्यावहारिक इलाज (बिहेवियर थैरेपी) :** यह तरीका फोबिया पर काबू पाने में काफी असरदार सिद्ध हुआ है। इस उपचार में रोगी के लक्षणों के अनुसार किसी एक निर्धारित विधि का इस्तेमाल किया जाता है। एक विधि में उन सारी परिस्थितियों, जगह, चीजों आदि की सूची तैयार की जाती है जिनसे व्यक्ति विशेष को भय लगता है। फिर इस सूची में मौजूद परिस्थितियों से व्यक्ति के डर के अनुभव को नापकर एक क्रम दे दिया जाता है। इसके पश्चात व्यक्ति को एक रिलेक्सेशन (शिथिलता) का अभ्यास कराकर, सूची में सबसे कम डर लगने वाली परिस्थिति के संपर्क में बार-बार लाया जाता है। यह प्रक्रिया तब तक दोहराई जाती है, जब तक के व्यक्ति का उस परिस्थिति से डर का अनुभव समाप्त न हो जाए। धीरे-धीरे सभी परिस्थितियों से सामना करा कर, व्यक्ति का फोबिया समाप्त कर दिया जाता है।

विशिष्ट फोबिया को दूर करने की एक विधि

अन्य तरीकों में मॉडलिंग, फ्लेडिंग आदि विधियां आती हैं। मॉडलिंग में किसी खास वस्तु से उदाहरण के लिए छिपकली से डरने वाले व्यक्ति का दूसरे व्यक्ति से संपर्क कराया जाता है जो कि छिपकली के बहुत पास रहकर उसको हाथ में पकड़कर दिखाता है और बिल्कुल भी नहीं घबराता। इस तरह से जब छिपकली से डरने वाला व्यक्ति दूसरे इंसान को यह सब करते देखता है तो उसका डर अपने आप कम होने लगता है।

- **कोगनिटिव थैरेपी :** व्यक्ति का किसी भी वस्तु या स्थिति से भय उसकी अतार्किक सोच के कारण पैदा होता है। उदाहरण के लिए सामाजिक फोबिया से पीड़ित व्यक्ति अपने मन में यह सोच बैठाये रहता है कि कहीं दूसरे लोग उसको बेवकूफ या कमजोर न समझ लें। यही गलत सोच उसके भय का कारण बनती है। इस थैरेपी में व्यक्ति के इन्हीं विचारों व सोचने के तरीकों को चुनौती दी जाती है और उन्हें सकारात्मक रूप में बदल दिया जाता है।
- **दवाइयों द्वारा :** फोबिया से निजात पाने हेतु एंटीडिप्रेसेंट व दुश्चिंता को कम करने वाली दवाएं भी काफी लाभदायक सिद्ध हुई हैं। इन दवाओं की एक निश्चित मात्रा व समय होता है जिसका निर्धारण मनोचिकित्सक खुद करता है। इन दवाओं का इस्तेमाल लंबे समय तक करना पड़ता है। इनका सेवन हमेशा योग्य मनोचिकित्सक की देखरेख में ही होना चाहिए।

दवाओं व मनोचिकित्सक पद्धतियां दोनों का एकसाथ इस्तेमाल करने पर यह समस्या जल्द से जल्द काबू में आ जाती है। कुछ लोगों में फोबिया की बीमारी के चलते अन्य मानसिक रोग भी पनपने लगते हैं जैसे घबराहट के अटैक, दुश्चिंता, उदासी आदि। अतः फोबिया के साथ-साथ इन रोगों का इलाज करना भी काफी जरूरी हो जाता है, अन्यथा फोबिया पूरी तरह से ठीक नहीं हो पाता।

फोबिया से ग्रस्त कुछ लोग डर पर काबू पाने हेतु शराब व अन्य नशीली दवाओं का इस्तेमाल शुरू कर देते हैं, जो कि दूसरी मानसिक बीमारी नशाखोरी को जन्म दे सकती है। फोबिया से ग्रस्त व्यक्ति को बिना चिकित्सक की सलाह के कोई भी दवा का इस्तेमाल करने से परहेज रखना चाहिए।

ध्यान दें

- 6 से 10 प्रतिशत व्यक्ति किसी न किसी रूप में भय की समस्या (फोबिया) से ग्रस्त हैं। कुछ दूसरे अध्ययनों के अनुसार हर चौथा व्यक्ति इस मानसिक रोग से ग्रस्त है।
- फोबिया के अनेक प्रकारों में से सामाजिक फोबिया एक ऐसा भय है जो कि इंसान के जीवन को बुरी तरह से प्रभावित करता है।
- भय हर व्यक्ति के मन में मौजूद रहता है परंतु जब यह भय रोजमर्रा की जिंदगी से जुड़ी स्थितियों या परिस्थितियों को ले कर पैदा होने लगे और जीवन को नकारात्मक रूप से प्रभावित करने लगे तब इसका इलाज जरूरी हो जाता है।
- भय की समस्या पुरुषों की अपेक्षा स्त्रियों में ज्यादा पाई जाती है।
- बिना इलाज की स्थिति में फोबिया का शिकार व्यक्ति लंबे समय तक इससे मुक्त नहीं हो पाता।
- आज इस समस्या का सफल उपचार उपलब्ध है जो कि मनोवैज्ञानिक विधियों व दवाईयों द्वारा किया जाता है।
- इसके उपचार में व्यक्ति को आराम धीरे-धीरे पहुंचता है, इसलिए संयम रखना बहुत आवश्यक है।
- यह रोग छोटे बच्चों को भी अपनी चपेट में ले सकता है और उनके व्यक्तित्व व पढ़ाई-लिखाई पर बुरा असर डाल सकता है।

नींद संबंधी समस्याओं का इलाज

सबसे पहले मनोचिकित्सक नींद संबंधी समस्याओं से जूझ रहे व्यक्ति की परेशानियों व लक्षणों को ध्यान से सुनकर उसके कारणों का पता करने की कोशिश करता है। छोटे-मोटे वातावरण के बदलाव की वजह से आ रही नींद की समस्या में कुछ विशेष इलाज की जरूरत नहीं समझी जाती, क्योंकि ये समस्याएं थोड़े समय में अपने आप ठीक हो जाती है। अन्यथा कुछ खास दवाएं जैसे जोल्पीडैम, जॉपीकलॉन, एलप्रराजोलाम चिकित्सक की देखरेख में इस्तेमाल की जा सकती है।

अन्य नींद से जुड़ी गंभीर समस्याओं के कारणों का पता चलते ही मनोचिकित्सक उन कारणों को दूर करने में व्यक्ति की मदद करता है और धीरे-धीरे नींद की समस्या अपने आप खत्म होने लगती है। उदाहरण के लिए

डिप्रेशन से जूझ रहे मरीज की नींद की समस्या तभी काबू में आ पाएगी जब डिप्रेशन का सही इलाज कर दिया जाएगा।

अगर नींद न आने का कारण शारीरिक रोग जैसे हृदयरोग या पीठ दर्द हो, तब मनोचिकित्सक व्यक्ति को उस रोग से संबंधित चिकित्सक (specialist) के पास रैफर कर देता है ताकि उस मूल कारण से छुटकारा पाया जा सके।

आमतौर पर दो तरीके नींद से जुड़ी समस्याओं को दूर करने में सहायक सिद्ध हुए हैं

- **दवारहित तरीके :** इन तरीकों में आते हैं सलाह-मशवरा, नींद लेने के कुछ खास नियम (स्लीप हाइजीन) का उपयोग, योगा, मेडिटेशन, व्यायाम, रिलेक्सेशन व निश्चलता का अभ्यास, हिप्नोसिस इत्यादि। इन विधियों का इस्तेमाल रोगी व मनोचिकित्सक आपस में बातचीत करने के बाद निर्धारित करते हैं।
- **दवाएं :** नींद न आने जैसी समस्याओं के लिए दो किस्म की दवाओं का इस्तेमाल किया जाता है : बेंजोडाइजापींस व नान बैंजोडाइजापींस। पहले वाली दवाओं में मुख्य है एलपराजोलाम, नाइट्रोजीपाम, डाइजापाम आदि। इन दवाओं का सेवन 4-6 हफ्तों से ज्यादा करना उचित नहीं माना जाता, क्योंकि व्यक्ति आगे चलकर इनका आदी हो सकता है। दूसरे इन दवाओं के अपने साइड इफेक्ट्स (कुप्रभाव) भी होते हैं। इसलिए नींद की समस्याओं के लिए कभी भी बिना चिकित्सक की सलाह के इन दवाओं का सेवन न करें। नोन बैंजोडाइजापींस दवाएं हैं : जॉलपीडैम व जॉपीक्लान। इन दवाओं की आदत पड़ने का खतरा बहुत कम होता है, परंतु इनके भी अपने कुछ साइड इफेक्ट्स हैं। कुछ और खास दवाएं भी है, जो कि व्यक्ति विशेष की अवस्था को देखकर इस्तेमाल में लाई जाती हैं।

  ज्यादा नींद आने की समस्या से निपटने के लिए भी स्पेशल दवाएं उपलब्ध हैं। परंतु ये हमेशा ध्यान में रखना चाहिए कि जितनी भी दवाएं नींद से जुड़ी परेशानियों में इस्तेमाल की जाती हैं, बिना चिकित्सक की सलाह के लेना खतरनाक साबित हो सकता है। इसी कारण इन दवाओं का, बिना चिकित्सक के हस्ताक्षर के केमिस्ट द्वारा बेचा जाना कानूनी तौर पर अपराध है।

अच्छी नींद लेने के कुछ खास नियम

अगर आप नींद से जुड़ी समस्याओं से जूझ रहे हैं तो मनोचिकित्सक से मिलने से पहले नीचे दिए गए तरीके ट्राई करें :

- चाहे नींद आए या न आए सुबह एक ही समय पर उठने की आदत डालें।
- जिस कमरे व बिस्तर पर आप सोते हैं, उसे केवल सोने के लिए ही इस्तेमाल करें।
- जहां तक हो सके दिन में नींद लेने की कोशिश न करें। (याद रखे कुछ लोगों को दिन में थोड़ी देर सो लेने पर रात को अच्छी नींद आती है, उस स्थिति में यह नियम लागू नहीं होता।)

- सोने से 5-6 घंटे पहले चाय, कॉफी, बीड़ी-सिगरेट या तम्बाकू का सेवन न करें।
- दिन में हलकी दौड़ या व्यायाम की आदत डालें (परंतु सोने से दो घंटे पहले ये सब न करें)।
- सर्दियों मे सोने से पहले अगर 20 मिनट तक गर्म पानी में नहा लिया जाए तो नींद अच्छी आती हैं। कुछ व्यक्ति यह तरीका ट्राई कर सकते हैं।
- बिस्तर पर जाने से पहले जरूरत से ज्यादा खाना न खाएं (अगर ऐसा हो जाए तो थोड़ा टहल आएं)
- नींद के लिए बिस्तर पर जाने से पहले श्वसन क्रिया या फिर निश्चलता का अभ्यास करें। कुछ लोगों में यह काफी असरदार सिद्ध हुआ है।
- अपनी मर्जी से नींद की गोलियों का सेवन न करें, क्योंकि बाद में इनकी लत पड़ सकती है।

इन सब के बावजूद अगर नींद की समस्या पर काबू न हो पाए, तब अपने नजदीकी मनोचिकित्सक से मिलें।

शक्की मिजाज का उपचार

शक्की मिजाज वाले व्यक्ति का सबसे पहले यह पता चलना जरूरी है कि शक किस किस्म का है और कितना गंभीर है। इसका अंदाजा मनोचिकित्सक व्यक्ति व उसके परिवार वालों से बातचीत करके लगाता है। जो शक कम गंभीर होता है (या फिर कच्चा होता है) उसे आपसी बातचीत द्वारा ठीक कर लिया जाता है परंतु गंभीर व पक्का शक होने पर उसकी जड़ तक पहुंचना पड़ता है। कारण पता चलते ही उसका इलाज शुरू कर दिया जाता है और शक्की स्वभाव अपने आप खत्म होने लगता है। उदाहरण के लिए अगर शक की भावना का कारण स्किजोफ्रेनिया या अन्य कोई गंभीर मानसिक रोग है तो उस रोग का इलाज करने पर मन शक की भावना से अपने आप मुक्त होने लगता है।

नशे की वजह से पैदा हुई शक की भावना को नशा रोकने पर काबू किया जा सकता है।

ध्यान दें

- थोडी-थोड़ी शक की भावना हर व्यक्ति में होती है। इसका इलाज तभी जरूरी होता है, जब यह जरूरत से ज्यादा होने लगे और व्यक्ति विशेष के जीवन को बुरे रूप से प्रभावित करने लगे।
- शक्की मिजाज वाले व्यक्तियों के परिवार वालों को चाहिए कि वे ऐसे व्यक्तियों की भावनाओं के विरूद्ध बात न करें। व्यक्ति को ऐसा कहने पर कि "तुम गलत हो" "वहमी हो" से स्थिति और खराब हो सकती है।
- शक की भावना से ग्रस्त व्यक्ति को बिना देर किए नजदीकी योग्य मनोचिकित्सक से मिलवाकर इलाज शुरू करना सबसे उचित कदम है।
- शक की भावना कई कारणों से पैदा हो सकती है। एक मनोचिकित्सक, व्यक्ति के व्यवहार का अध्ययन कर इसके सही कारणों का आसानी से पता लगा लेता है। इसके बाद ही उपचार का तरीका निर्धारित किया जाता है।

चिड़चिड़ेपन से मुक्ति

ज्यादातर लोगों में चिड़चिड़ापन किसी न किसी मानसिक रोग का लक्षण होता है। मानसिक रोग का उचित इलाज होने पर चिड़चिड़ापन अपने आप नियंत्रण में आने लगता है। हलके-फुलके चिड़चिड़ेपन के लिए (जो कि व्यक्ति के व्यवहार पर कोई विशेष प्रतिकूल प्रभाव नहीं डालता) किसी खास उपचार की आवश्यकता नहीं होती।

निम्नलिखित उपाय चिड़चिड़ेपन से मुक्ति दिलाने में मदद कर सकते हैं। जितना जल्द हो इसके लक्षणों को पहचान कर उसके कारणों को ढूंढने की कोशिश करें और उनको दूर करने का प्रयास करें :

- हलका व्यायाम व खास किस्म की श्वास क्रियाएं भी चिड़चिड़ेपन को कम कर सकती हैं।
- मन की बातों को अपने किसी विश्वसनीय मित्र या रिश्तेदार से कहने की आदत डालें।
- मधुर कर्णप्रिय संगीत सुनना भी लाभदायक हो सकता है।
- इस स्थिति में निश्चलता का अभ्यास कांफी मददगार साबित हो सकता है। इन्हें हमेशा विशेषज्ञ की देखरेख में सीखें। (अधिक जानकारी के लिए पढ़े पेज नं.-206)
- इस मनोदशा से छुटकारा पाने के लिए गलती से भी शराब या अन्य दवाओं का सेवन करने की कोशिश न करें।
- इसके बावजूद अगर आप चिड़चिड़ाहट को मन से बाहर निकालने में नाकामयाब रहें या फिर यह जरूरत से ज्यादा बढ़ जाए, तब जल्द से जल्द अपने नजदीकी मनोचिकित्सक से मिलना सबसे उचित कदम होगा।

भुलक्कड़पन का इलाज

सबसे पहले तो यह जानना जरूरी है कि भूलने की समस्या गंभीर है या नहीं। कुछ लोग हलकी सी भूल-चूक को भी बड़ी गंभीरता से लेने लगते हैं और अपने आपको भुलक्कड़ समझना शुरू कर देते हैं। आपके भूलने की समस्या यदि आपकी दिनचर्या या अन्य क्रिया-कलापों पर नकारात्मक प्रभाव डालने लगे तब समझ लीजिए इसका इलाज जरूरी हो गया है। कुछ मनोवैज्ञानिक टेस्ट्स के द्वारा इस समस्या की गंभीरता का अंदाजा आसानी से लगाया जा सकता है।

यदि समस्या गंभीर है तो इसके मूल कारणों जैसे मानसिक या शारीरिक रोग तक पहुंचना बहुत जरूरी है। इसमें मनोचिकित्सक आपकी मदद कर सकता है।

मूल कारणों को जान लेने के बाद उनका निवारण करने पर भूलने की समस्या अपने आप काबू में आ जाती है। परंतु कुछ मूल कारण जैसे मानसिक मंदता, डिमेंशिया आदि का कोई बहुत प्रभावकारी इलाज मौजूद न होने के कारण इस परेशानी पर पूरी तरह काबू पाना संभव नहीं है। न्यूरसथीनिया (मानसिक थकान), ध्यानभंग रोग, नशाखोरी या डिप्रेशन से पीड़ित व्यक्ति अपना उचित तरीके से इलाज कराने पर भुलक्कड़पन की समस्या में निश्चित तौर पर आराम पा सकता है।

आज मार्केट में याददाशत बढ़ाने हेतु काफी दवाइयां मौजूद हैं और कुछ दवा कंपनियां जोर-शोर से इनका प्रचार भी करती रहती हैं, परंतु वैज्ञानिक अध्ययन करने पर इन दवाओं का याददाश्त पर कोई खास असर देखने में नहीं आया है। इसलिए इन दवाओं के प्रलोभनों से सचेत रहना ही उचित कदम है।

बादाम, घी, कालीमिर्च आदि से याददाश्त बढ़ाई जा सकती है, ऐसा कहना भी महज एक कल्पना ही है परंतु यह सोच हमारे समाज में काफी समय से मौजूद है। कई लोग जब मनोचिकित्सक से पूछते हैं कि "डॉ. साहब क्या बच्चे को बादाम वगैरह खिलाने से याददाश्त बढाने में मदद मिलेगी" तब वह आमतौर पर जवाब देता है "देखिए देने में कोई नुकसान तो नहीं है, परंतु इसका कोई विशेष फायदा भी नहीं है"। इस प्रकार वह पुराने चले आ रहे विश्वास को बिना ठेस पहुंचाए अपनी बात कह देता है।

मानसिक तनाव की वजह से पैदा हुए भुलक्कड़पन पर, निश्चलता अभ्यासों से काबू पाया जा सकता है।

कुछ खास किस्म की तकनीक जैसे स्टोरी मेकिंग, राइम बनाना, मेमोरी पैग, चेकिंग, मेडिटेशन आदि छात्रों को उनकी याददाश्त बढ़ाने में मदद कर सकती है। इन टेक्नीक्स को सीखने में विशेषज्ञ आपकी मदद कर सकते हैं। परंतु ये क्रियाएं एकदम जादू नहीं करती। इनका लगातार अभ्यास करना जरूरी होता है।

> छात्रों के लिए याददाश्त बढ़ाने का सबसे उचित तरीका है जो भी पढ़ें उसे कुछ समय बाद बिना किताब खोले मन ही मन याद करें, कागज पर लिखें या दूसरे छात्रों से डिसकस करें। यह प्रक्रिया समय समय पर दोहराते रहें।

ध्यान दें :

- भुलक्कड़पन मानसिक रोग का सूचक हो सकता है। यह समस्या अन्य शारीरिक रोगों में भी पैदा हो सकती है।
- इसका इलाज संभव है। इस समस्या के मूल कारणों का पता करने तथा उनका निवारण करने पर इस रोग से निजात पाई जा सकती है।
- अगर आप भी याददाश्त संबंधी समस्याओं से जूझ रहे हैं और अपने दैनिक जीवन में इससे परेशान हो रहे हैं, तो अपने नजदीकी मनोचिकित्सक से मिलकर इसका इलाज कराएं।

डरावने सपनों का इलाज

कभी-कभार आ रहे डरावने सपनों को नजरअंदाज करना ही सबसे बेहतर तरीका है, परंतु अगर यह समस्या जरूरत से ज्यादा या हर रोज होने लगे या फिर व्यक्ति के लिए मानसिक कष्ट का कारण बनने लगे तब इसका इलाज कराना लाजमी हो जाता है।

इलाज के तरीके :

- सबसे पहले तो डरावने सपने किस मानसिक रोग की वजह से पैदा हो रहे हैं, यह जानना जरूरी है। उस मानसिक रोग का उपचार करने के बाद डरावने सपनों का आना अपने आप बंद हो जाता है।
- मानसिक तनाव को दूर करने वाली विधियां जैसे रिलैक्शेसन टेकनीक्स, हिप्नोसिस आदि भी कुछ लोगों को इस समस्या से मुक्ति दिला सकती है।
- कुछ खास दवाएं जो कि नींद के सपने वाले भाग पर अपना असर दिखाती हैं, डरावने सपनों से मुक्ति दिला सकती हैं। परंतु इनका सेवन मनोचिकित्सक से परामर्श किए बगैर नहीं करना चाहिए।
- मनोवैज्ञानिक विधियां जैसे ड्रीम रिहर्सल, ड्रीम ल्यूसीडीटि, इमेजरी आदि भी इस स्थिति में लाभदायक सिद्ध हुई हैं, परंतु इन विधियों को सीखने के लिए खास विशेषज्ञों की जरूरत पड़ती है जो कि अभी भारत में उपलब्ध नहीं हैं।

स्किजोफ्रेनिया का इलाज

इस बीमारी के इलाज में कई तरीकों का एकसाथ उपयोग किया जाता है जो इस प्रकार हैं :

- **दवाओं द्वारा :** आज बाजार में इस बीमारी के इलाज हेतु कई किस्म की दवाएं उपलब्ध हैं। मरीज की स्थिति के अनुसार इनमें से किसी एक या दो दवाओं का सेवन मरीज को करना होता है। यें दवाएं अकसर लंबे समय तक खानी होती हैं। ये दवाएं रोगी के दिमाग में हो रही रासायनिक गड़बड़ को नियंत्रित कर, उसकी सोच समझ में पैदा हुई खामियों को दूर करती हैं। कुछ रोगियों में दवाओं का असर न आने पर कई बार ईसीटी (बिजली के टीके या संघात चिकित्सा) आदि का इस्तेमाल भी किया जाता है।

  इलाज के शुरुआती दौर में इन दवाओं के कुछ साइड इफेक्ट्स मरीज को आ सकते हैं जैसे हाथ कांपना, अकड़न, बेचैनी, मुंह से लार गिरना, तोतलापन आदि। परंतु ये कोई गंभीर या घबराने वाले साइड इफेक्ट नहीं होते और धीरे-धीरे अपने आप कम होने लगते हैं। कई बार इन साइड इफेक्टस को खत्म करने हेतु मनोचिकित्सक कुछ अन्य दवाओं का इस्तेमाल भी करते हैं। इस रोग से ग्रस्त व्यक्ति अकसर अपने आप दवा लेने का ध्यान नहीं रख पाते, इसलिए परिवार के किसी समझदार व्यक्ति को इसकी जिम्मेदारी लेनी पड़ती है, जो कि रोगी को सही समय पर दवा खिलाता रहे।

  कुशल मनोचिकित्सक की देखरेख में दवाओं या इसीटी का प्रयोग पूरी तरह से सुरक्षित है व इससे दिमाग या शरीर को कोई नुकसान नहीं पहुंचता।

- **मानसिक उपचार :** इसके जरिए मरीज को अपने दृष्टिकोण, अनुभवों, समस्याओं आदि को सामने रखने का मौका दिया जाता है। इसके जरिए मनोचिकित्सक व मनोविश्लेषक रोगी के मन को समझकर, उसे रोग की वजह से पैदा हुई अवास्तविक जिंदगी से वास्तविक जिंदगी में लाने में मदद करते हैं।

  इस चिकित्सा से मरीज में आत्मबल व आत्मविश्वास पैदा करने में काफी मदद मिलती है और वह एक बार फिर से जिंदगी का सामना करने के लिए तैयार होने लगता है।

- **समाज में वापसी (सामाजिक पुनर्वास) :** दवाओं एवं मानसिक उपचार के द्वारा मरीज के सामान्य होने पर उसके सामाजिक पुनर्वास (यानी समाज का सफल सदस्य बनाना) का काम शुरू हो जाता है। इसमें शामिल हैं, रोगी को दूसरों के साथ मिलने-जुलने की ट्रेनिंग देना, मानसिक व शारीरिक क्षमता को ध्यान में रखते हुए उचित रोजगार का प्रशिक्षण देना, मरीज के भीतर छुपी योग्यताओं को विकसित करना इत्यादि।

> मरीज के इलाज व उसे सफल जिंदगी के लायक बनाने में सबसे अहम भूमिका उसके परिवार वालों (माता-पिता, भाई, पत्नी, बहन) की होती है, जिसके बिना अच्छे से अच्छा इलाज भी असफल हो सकता है। नोबल पुरस्कार से सम्मानित जॉन नैश को जब यह बीमारी हुई तब उसकी पत्नी की मदद व उचित इलाज के कारण ही व इस रोग से सफलतापूर्वक जूझ पाए।

आखिरकार कैसा रहता है इन रोगियों का जीवन

- लगभग एक तिहाई (30-40 प्रतिशत) मरीज बिल्कुल ठीक हो जाते हैं, और उन्हें बाद में दवा की भी जरूरत नहीं पड़ती।
- अन्य तिहाई मरीज आम जिंदगी व्यतीत कर पाने में सक्षम रहते हैं, परंतु उनका इलाज पूरी जिंदगी चलता है।
- बाकी बचे $^1/_3$ मरीज, इलाज करने के बावजूद पूरी तरह ठीक नहीं हो पाते और बीमारी से लंबे समय तक ग्रस्त रहते हैं। इस स्थिति में विशेष दवाओं की मदद (जैसे कि क्लोजापीन) से कुछ मरीजों को काफी हद तक आराम पहुंचाया जा सकता है।

ध्यान दें

- हर सौ व्यक्तियों में एक व्यक्ति इस बीमारी से जूझ रहा है।
- इस रोग से ग्रस्त व्यक्ति अकसर अपनी बीमारी को बीमारी नहीं समझता और इलाज से इंकार कर देता है। इसलिए परिवार वालों को शुरुआत में थोड़ी मुश्किलें आ सकती हैं। मनोचिकित्सक के पास इन स्थितियों से निपटने के कई तरीके होते हैं जैसे लंबे समय तक असर रखने वाले इंजेक्शन, बिना स्वाद की दवाएं जो कि रोगी को बिना बताए दी जा सकती हैं आदि।

- ❑ बीमारी के लक्षण पता चलते ही रोगी का शीघ्र से शीघ्र योग्य मनोचिकित्सक से इलाज कराएं।

> कई बार स्किजोफ्रेनिया जैसे लक्षण अचानक पैदा होते हैं और कुछ ही दिनों में खत्म भी हो जाते हैं। इस स्थिति को एक्यूट साइकोसिस की श्रेणी में रखा गया है। यह रोग स्किजोफ्रेनिया बीमारी की तुलना में कम गंभीर होता है।

- ❑ इलाज के लिए लंबे समय तक दवाओं का सेवन करना पड़ता है।
- ❑ सफल इलाज के लिए मरीज को अपने परिवार वालों की मदद व सहानुभूति की काफी जरूरत पड़ती है।
- ❑ इस रोग में मरीज कोई भी उलटी-सीधी हरकत जान बूझकर नहीं करता। वह सब रोगी की सोच में आए विकारों की वजह से पैदा होती है।
- ❑ कड़वे एवं भेदभाव पूर्ण वाले वातावरण में रहना मरीज के लिए घातक सिद्ध हो सकता है।
- ❑ मरीज के साथ प्यार व नम्रता से पेश आना, उसके द्वारा किए गए छोटे-छोटे कामों की प्रशंसा करना आदि उसके इलाज में काफी मददगार साबित हो सकता है।
- ❑ मरीज का इलाज गलती से भी बीच में बंद नहीं होना चाहिए।
- ❑ शीघ्र इलाज का मतलब है ज्यादा सफल इलाज।
- ❑ कोई भी व्यक्ति इस रोग का शिकार हो सकता है।
- ❑ गलती से भी मरीज को तांत्रिक व जादू टोनों के चक्करों में मत फंसाएं।
- ❑ आजकल आए दिन नई दवाएं इस बीमारी के लिए बाजार में आ रही हैं जिनके कुप्रभाव बहुत कम हैं। ये दवाएं देने पर कोई नहीं बता सकता कि व्यक्ति किसी दवा का सेवन भी कर रहा है।

मेनिया का इलाज

अगर मेनिया का इलाज न भी कराया जाए तब भी यह कुछ महीनों में अपने आप ठीक हो जाता है परंतु कुछ महीनों के भीतर ही यह व्यक्ति व उसके परिवार वालों की जिंदगी को बुरी तरह से अस्त-व्यस्त कर देता है।

जितनी जल्दी इस बीमारी के लक्षणों का पता चले उतनी ही जल्दी किसी योग्य मनोचिकित्सक से मिलकर इसका इलाज शुरू कर देना चाहिए। जल्दी इलाज कराने का मतलब मेनिया पर जल्दी कंट्रोल पाना है। इलाज में देरी करने पर मेनिया का रूप और गंभीर हो सकता है।

मेनिया की स्थिति कम गंभीर होने पर घर पर ही इलाज कराया जा सकता है, परंतु गंभीर स्थिति में रोगी को अस्पताल में दाखिल करना जरूरी होता है।

दवाओं द्वारा इलाज : इलाज के लिए आज कई किस्म की दवाएं मौजूद हैं। मेनिया को जल्दी नियंत्रण में लाने हेतु कुछ दवाओं जैसे एंटीसाइकोटिक्स, बैंजोडाइजापींस व मूड स्टैबलाइजर आदि का इस्तेमाल किया जाता है। दवाओं द्वारा मेनिया को कंट्रोल करने में 20-25 दिन का समय लग जाता है।

एक बार इलाज हो जाने पर व्यक्ति को मूड स्टैबलाइजर (जैसे लीथियम, वैलपरोइक एसिड) आदि दवाओं का लंबे समय तक सेवन करना पड़ता है ताकि भविष्य में मेनिया या डिप्रेशन के अटैक दोबारा न आएं। किस व्यक्ति में कौन-सा मूड स्टैबलाइजर इस्तेमाल करना है व कितनी अवधि के लिए सेवन करना है, इसका निर्धारण मनोचिकित्सक मरीज की परिस्थितियों व रोग की गंभीरता को देखकर करता है। इन दवाओं के इस्तेमाल से कई बार मरीज को कुछ साइड इफेक्टस (कुप्रभाव) जैसे वजन में बढ़ोतरी, हाथों में कंपन, सिर चकराना, भूख लगना आदि हो सकते हैं। दवाओं की मात्रा में बदलाव एवं कुछ खास दवाओं के इस्तेमाल के द्वारा इन कुप्रभावों से आसानी से बचा जा सकता है।

> आज कल सभी महंगे बिजली के उपकरणों में वोल्टेज स्टैबलाइजर का इस्तेमाल किया जाता है, ताकि उपकरणों में जा रहे करंट को स्थिर रखा जा सके। उसी प्रकार इस रोग से ग्रस्त व्यक्ति के मूड को स्थिर रखने के लिए 'मूड स्टैबलाइजर' नामक दवाओं का इस्तेमाल किया जाता है। ये दवाएं मन को गहरी उदासी व जरूरत से ज्यादा उत्साहित होने से बचाए रखती हैं।

कुछ मरीज जिनमें दवाएं विशेष असर नहीं दिखातीं या फिर दवाओं का इस्तेमाल करना मुश्किल होता है, उन मरीजों में ई.सी.टी. (बिजली के टीकों द्वारा उपचार) का इस्तेमाल किया जाता है। यह एक बेहद सुरक्षित व असरदायक तरीका है जिससे मरीज को तुरंत आराम मिलना शुरू हो जाता है। इसके कुप्रभाव दवाओं की अपेक्षा कम होते हैं।

मानसिक उपचार : इस उपचार में मरीज व उसके परिवार के सदस्यों को इस रोग से संबंधित आवश्यक जानकारी दी जाती है, ताकि भविष्य में मेनिया के अटैकों से बचा जा सके। इसमे रोगी को जरूरत से ज्यादा मानसिक तनाव से बचने के तरीके भी सिखाए जाते हैं।

ध्यान दें :

- मेनिया के मरीजों को बिना देरी किए जल्द से जल्द नजदीकी मनोचिकित्सक को दिखाएं। झाड़फूंक करने वालों व तांत्रिकों आदि के चक्करों में फंसकर समय गंवाना व्यर्थ है।
- इस रोग में व्यक्ति अकसर खुद को रोगी नहीं समझता इसलिए शुरू में इलाज करना थोड़ा कठिन हो सकता है। रोगी के इलाज के लिए परिवार वालों की भूमिका बेहद जरूरी है।
- इलाज के साथ-साथ मरीज व उसके परिवार वालों का इस बीमारी के बारे में पूरी जानकारी प्राप्त करना काफी आवश्यक है। मरीज में बीमार होने का बोध, इलाज के कुछ समय बाद धीरे-धीरे आना शुरू हो जाता है और वह अपने आप दवा लेना भी शुरू कर देता है।
- आमतौर पर देखा गया है कि एक बार मेनिया ठीक हो जाने पर रोगी व परिवार वाले इलाज पर ध्यान देना और रोगी दवाएं लेनी बंद कर देता है। इससे बीमारी के दोबारा आने का खतरा काफी बढ़ जाता है। इलाज हमेशा मनोचिकित्सक की सलाह के बाद ही बंद किया जाना चाहिए।
- मेनिया की स्थिति में परिवार वालों को मरीज के साथ बहसबाजी, हिंसात्मक व उग्र व्यवहार करने से बचना चाहिए।
- इस बीमारी को नियंत्रण में रखने के लिए रोगी को लंबे समय तक दवाओं का सेवन करना पड़ता है। अकसर रोगी जाने-अनजाने दवा लेना भूल जाता है। इसलिए परिवार के किसी जिम्मेदार व्यक्ति का रोगी को नियमित रूप से दवा देना जरूरी हो जाता है। अचानक दवा बंद कर देने पर मरीज गंभीर समस्याओं से ग्रस्त हो सकता है।
- मरीज व उसके परिवार वालों को समय-समय पर मनोचिकित्सक से मिलते रहना चाहिए।
- बार-बार मेनिया की स्थिति से गुजरने वाले व्यक्ति व उसके परिवार वालों को उन लक्षणों का पता लगाने की कोशिश करनी चाहिए जो कि

मेनिया के शुरुआती दौर में आना शुरू हो जाते हैं जैसे नींद न आना, ज्यादा काम करने लगना, विचारों का तेजी से दिमाग में आना, पूजा-पाठ में ज्यादा ध्यान आदि। इन लक्षणों के पता चलते ही मरीज को तुरंत मनोचिकित्सक से मिलवाएं ताकि उसको पूरे मेनिया की स्थिति में जाने से रोका जा सके।

- सफल इलाज के चलते ऐसे व्यक्ति अपनी जिंदगी सामान्य तौर से गुजार सकते हैं व उसका भरपूर मजा भी ले सकते हैं।
- पूरी तरह से ठीक होने के बाद ऐसे व्यक्तियों को जरूरत से ज्यादा मानसिक तनाव, उत्तेजना, भाग-दौड़, नशाखोरी आदि से परहेज रखना चाहिए।
- मेनिया की स्थिति से बाहर आने के बाद व्यक्ति को नकारात्मक विचारों (अपराध बोध, आत्मग्लानि) आदि से बचना चाहिए। जो कुछ व्यक्ति मेनिया की स्थिति में करता है वह जान-बूझकर नहीं, बल्कि बीमारी से मजबूर हो कर करता है।
- मेनिया से ग्रस्त व्यक्ति कई बार चिकित्सक के पास जाने से बिल्कुल मना कर देता है। ऐसी स्थिति में परिवार वालों को खुद डॉक्टर से मिलना चाहिए, क्योंकि कई ऐसे तरीके मौजूद हैं जिनके द्वारा मरीज को हस्पताल या क्लीनिक में लाकर इलाज शुरू किया जा सकता है।
- मेनिया व डिप्रेशन की स्थिति में व्यक्ति को कभी भी जिंदगी के महत्त्वपूर्ण निर्णय नहीं लेने चाहिए जैसे नौकरी बदलना, नया व्यापार शुरू करना आदि।

कुछ मरीजों में दवाओं के लगातार सेवन के बावजूद तेजी या उदासी के अटैक आने लगते हैं। ऐसी स्थिति में रोगी की अच्छी तरह से जांच पड़ताल करना जरूरी हो जाता है। ऐसे रोगियों में कई बार दो या तीन किस्म के 'मूड स्टैबलाइजर' का इस्तेमाल करना भी आवश्यक हो जाता है।

सनकीपन, वहम की समस्या का उपचार

आमतौर पर जिसे भी यह रोग होता है वह उपचार के लिए तभी कदम बढ़ाता है जब यह समस्या उसके दिनभर के क्रिया-कलापों पर बुरा असर डालने लगती है या फिर वह इससे खुद बहुत परेशान रहने लगता है। विशेष दवाओं व मानसिक

उपचार द्वारा इस बीमारी को काफी हद तक नियंत्रण में किया जा सकता है। उपचार से एक चौथाई मरीज पूरी तरह से ठीक हो जाते हैं और उनके सभी लक्षण दूर हो जाते हैं। परंतु ऐसे व्यक्तियों के ठीक होने के बाद भी इस रोग के दोबारा होने की आशंका हमेशा बनी रहती है। उपचार से 50 प्रतिशत रोगियों में बीमारी की तीव्रता को कम किया जा सकता है और उनमें कुछ-कुछ लक्षण हमेशा दिखाई देते रहते हैं। बाकी बचे एक चौथाई मरीजों में कोई खास सुधार नहीं आता। इन एक चौथाई मरीजों में कुछ खास विधियों द्वारा व्यक्ति को रोग के साथ कैसे जिया जाए, यह सिखाया जा सकता है। आने वाले समय में नई दवाओं व विधियों की खोज से ऐसे मरीजों को बीमारी से मुक्ति दिलाना संभव हो जाएगा।

> पहले जमाने में कहावत थी कि "वहम का इलाज" तो लुकमान हकीम के पास भी नहीं था। लुकमान को एक बेहद प्रसिद्ध चिकित्सक के रूप में जाना जाता है। जिसके पास लगभग हर बीमारी का इलाज था। परंतु अब समय बदल चुका है। आज मनोचिकित्सकों के पास इसका सफल इलाज मौजूद है।

किस प्रकार होता है उपचार

- **दवाओं के द्वारा :** कुछ खास ऐंटीडिप्रेसेंट दवाएं दिमाग में चल रहे रासायनिक असंतुलन को ठीक कर इस रोग को खत्म करने में मदद करती हैं। इन दवाओं का असर आने में व्यक्ति को कुछ हफ्तों तक का समय लगता है।
- **मानसिक उपचार :** मानसिक उपचार द्वारा मरीज को कुछ ऐसे तरीके सिखाए जाते हैं जिससे वह अपने विचारों व बहमों आदि पर काबू पाने में कामयाब होने लगता है। इस उपचार के लिए मरीज के साथ-साथ उसके परिवार वालों की मदद भी ली जाती है। यह इलाज निर्धारित चरणों में किया जाता है जिसका असर धीरे-धीरे रोगी को महसूस होने लगता है। इस उपचार में रोगी को काफी धैर्य रखना पड़ता है, क्योंकि इस इलाज की प्रक्रिया थोड़ी जटिल व लंबी होती है। आम तौर पर, मनोचिकित्सक इस रोग से ग्रस्त व्यक्ति का ऊपर लिखे गए दोनों तरीकों से एकसाथ इलाज करते हैं ताकि रोग को जल्द से जल्द व पूरी तरह

काबू किया जा सके। मानसिक उपचार की विधियों में मनोचिकित्सक, मनोवैज्ञानिक की भी मदद लेता है।

ध्यान दें

- ओ.सी.डी. एक मानसिक बीमारी है जिसका इलाज जल्द से जल्द योग्य मनोचिकित्सक से करवाना चाहिए।
- इस समस्या से बड़ी-बड़ी हस्तियां भी ग्रस्त रह चुकी हैं।
- इस समस्या का इलाज काफी लंबा चल सकता है अतः रोगी का धैर्य रखना जरूरी हो जाता है।
- रोग के बिल्कुल ठीक होने के बाद भी इसके दोबारा होने की आशंका बनी रहती है।
- रोगी के परिवार वालों को मरीज की आलोचना करने के बजाय उसकी मनोस्थिति समझ कर, इलाज में अपना पूरा सहयोग देना चाहिए।
- इस रोग के ठीक होने के लिए सकारात्मक पारिवारिक वातावरण होना जरूरी है।
- रोगी को भूलकर भी बिना मनोचिकित्सक की सलाह के दवा बंद नहीं करनी चाहिए।

डिमेंशिया (मनोभ्रंश) की बीमारी का उपचार

15 प्रतिशत डिमेंशिया के रोगी पूर्ण रूप से ठीक हो सकते हैं क्योंकि उनमें बीमारी का कारण पता लगाकर उसे दूर किया जा सकता है। शेष बचे रोगियों में, जिनमें रोग के कारणों का पता नहीं चलता उनमें बीमारी को रोकना मुश्किल होता है। परंतु कुछ विशेष दवाएं जैसे रिवास्टिगमीन, डॉनेजीपील, मीमैनटाइन आदि इन रोगियों के लक्षणों जैसे सूझ-बूझ की कमी, कमजोर याददाश्त आदि में मदद कर सकती हैं। अन्य दवाएं रोगी के गुस्से, शक्की व वहमी व्यवहार, नींद की परेशानी आदि में सुधार ला सकती हैं।

- **व्यावहारिक उपचार :** इस उपचार में शामिल है रोग के बारे में परिवार वालों का अधिक से अधिक जानकारी प्राप्त करना, क्योंकि परिवार के लोग ही इस रोग से लड़ने में रोगी की सबसे ज्यादा मदद कर सकते हैं। इसके अंतर्गत कुछ विधियों द्वारा रोगी को अपने रोजमर्रा के क्रिया-कलापों को करने में सक्षम बनाने की कोशिश की जाती है।

निम्नलिखित सुझाव रोगी को इस बीमारी से लड़ने में काफी मदद कर सकते हैं: (ये सुझाव परिवार के सदस्यों के लिए हैं)

- रोगी को समय, जगह व आस-पास के अन्य व्यक्तियों के बारे में प्यार से बार-बार जानकारी देते रहें जैसे– "आज मंगलवार है। अभी सुबह के 8 बजे हैं। मैं आपका बेटा विवेक हूं" आदि।
- रोगी के कमरे को आरामदेह बनाए रखें और कुछ बातों पर ध्यान दें, जैसे फर्श पर कारपेट बिछाये रखें, कमरे में कम से कम फर्नीचर का इस्तेमाल करें ताकि मरीज का रास्ता बाधित न हो। बाथरूम व कमरे के बीच कम से कम दूरी तथा रात में हलकी रोशनी का इंतजाम रखें।
- रोगी के कमरे व जगह को बार-बार न बदलें, क्योंकि नई स्थिति में मरीज बेहद परेशान हो सकता है।
- जहां तक हो सके रोगी की देखभाल करने वाले व्यक्तियों में बदलाव न हो, क्योंकि हर नए व्यक्ति से ताल-मेल बिठाने में रोगी को काफी दिक्कत का सामना करना पड़ सकता है।
- कोई भी बात समझाते वक्त छोटे-छोटे वाक्यों का इस्तेमाल करें जैसे 'आइए, बैठ जाइए, बहुत अच्छा खाना बना है, जल्दी से खा लीजिए' की जगह केवल इतना कहें 'आओ खाना खाएं'।
- बातचीत हमेशा रोगी के सामने आकर उसकी आंखों में आंखें डालकर करें। पीछे से या साइड से बातचीत ना करें, क्योंकि ऐसा करने पर मरीज असमंजस में पड़ सकता है। ज्यादा शोर-शराबे व भीड़ भरे इलाके में रोगी को न ले जाएं।
- रोगी के प्रति प्यार व सहानुभूति रखें। नकारात्मक बात व व्यंग्यात्मक बातें रोगी के मन में कुंठा पैदा कर चिड़चिड़ेपन को जन्म दे सकती हैं।
- कुछ मरीजों में खाना खाते व नहाते वक्त मधुर संगीत का प्रयोग भी किया जा सकता है। ऐसा करने पर कुछ मरीज आराम से इन क्रियाओं को करते हुए देखे गए हैं।
- कई बार मरीज कोई गलत बात भी कहे तो हां में हां मिलाने पर कोई हर्ज नहीं है।
- सिर व शरीर की मसाज भी कई बार रोगी के नकारात्मक व्यवहार में बदलाव ला सकती है।

- घर से बाहर घूमते हुए रोगी के साथ किसी जिम्मेदार व्यक्ति का रहना बेहद जरूरी है।
- रात में रोगी के कमरे का अंदर से ताला लगाए रखें, क्योंकि रोगी के रात के समय अचानक घर से बाहर निकलकर, खो जाने की संभावना हमेशा बनी रहती है।
- रोगी के कमरे में जहां तक हो सके, भड़कीले व गहरे रंगों का इस्तेमाल न करें, क्योंकि इससे मरीज को भ्रम पैदा हो सकता है।
- रोगी द्वारा कोई भी काम पूरा कर लेने पर ताली बजाकर या अन्य तरीकों से उसकी प्रशंसा करें।
- रोगी का ध्यान रखने वाले लोगों का खुद का तनाव कम करना भी बेहद जरूरी होता है। इसके लिए परिवार के अन्य सदस्य मरीज की सेवा करने वाले व्यक्ति की मदद कर सकते हैं।
- इन रोगियों के परिवार के लोग आपस में ग्रुप या संस्था बनाकर अपनी समस्याओं पर चर्चा कर सकते हैं और नए हल भी ढूंढ़ सकते हैं।

याद रहे एक बार यह रोग शुरू होने पर रोगी कुछ ही साल और जी पाता है। इसलिए रोगी की जितनी ज्यादा सेवा हो सके करें। वह इंसान जिसने आपको बचपन में अपना सहारा देकर चलना सिखाया, बुरे समय में उसका हाथ पकड़ लेना व साथ देना कोई बुरी बात नहीं है।

बीमारी होने के वहम (हाइपोकांड्रेसिस) का इलाज

उपचार में सबसे जरूरी बात यह होती है जो मनोचिकित्सक ध्यान रखता है, वह यह कि रोगी को एकदम यह न दर्शाया जाय की उसे बीमारी का महज वहम है और कोई बीमारी नहीं है। इस प्रकार से मरीज डॉक्टर में अपना विश्वास कायम नहीं कर पाता। क्योंकि पहले भी वह इस बात को 'उसको केवल वहम है' कई डॉक्टरों से सुन चुका होता है। धीरे-धीरे मनोचिकित्सक रोगी की पूरी रामकहानी सुनता है और दोनों में एक आपसी विश्वास पैदा होने लगता है। इसके बाद व्यक्ति को समय-समय पर बुलाया जाता है और उसे अपनी समस्याओं पर पूरी बात करने का मौका दिया जाता है। उसी दौरान मनोचिकित्सक रोगी को अपना ध्यान शारीरिक लक्षणों से दूर हटाने के निर्देश देने लगता है

और उसको अपना दिमाग अन्य चीजों पर लगाने का तरीका बताता है।

समय आने पर मनोचिकित्सक रोगी को उसकी बीमारी के विषय में खुलकर बताना शुरू कर देता है। कई बार यह चर्चा इसी प्रकार के रोग से पीड़ित अन्य रोगियों के समूह में एकसाथ की जाती है। इस प्रकार रोगी अपनी बीमारी की नेचर को समझ लेता है और उसका वहम काफी हद तक दूर हो जाता है। कई बार रोगी के लक्षणों के अनुसार कुछ खास एंटीड्रिप्रेसेन्ट दवाइयां भी रोगी को देनी पड़ती हैं।

ऐसे रोगियों में संतुलित भोजन, हलके व्यायाम, गतिशीलता, योगासन व नए शौक (Hobbies) आदि ध्यान बंटाने में मदद कर सकते हैं।

> कई बार कुंठाग्रस्त महिलाएं, पुलिस व अन्य कर्मचारी कठिन ड्यूटी से बचने के लिए बीमार होने का बहाना करने लगते हैं। इनके लक्षण भी ऊपर वर्णित मानसिक समस्या से मिल सकते हैं, परंतु मनोचिकित्सक जल्द ही ऐसे बहानेबाजों की पहचान कर लेते हैं।

ध्यान दें

- कई बार इस रोग से पीड़ित व्यक्ति वहम के चलते बड़े-बड़े आप्रेशन भी करा डालता है, उसके बावजूद भी समस्या वैसी की वैसी ही बनी रहती है। अनुभवी सर्जन भी कई बार इस रोग की असली नेचर को पकड़ पाने में असफल रहता है।
- हमारे समाज में बहुत से लोग बीमारी होने के वहम से ग्रस्त हैं।
- परिवार वालों के जागरूक न होने के कारण इस रोग से पीड़ित व्यक्ति पर बहुत-सा पैसा व समय बर्बाद कर दिया जाता है।
- यह रोग कई बार बिना किसी ठोस कारणों के एड्स व कैंसर जैसे भयंकर रोगों के होने के डर के रूप में भी पाया जाता है।
- अपने चेहरे व शरीर के अंगों में सब कुछ होते हुए भी, कमी या विकार महसूस करना भी इस रोग का लक्षण हो सकता है। उदाहरण के लिए एक व्यक्ति इस वहम से ग्रस्त है कि उसकी नाक जरूरत से ज्यादा बड़ी है, परंतु असलियत में ऐसा कुछ भी नहीं है।

- इस रोग से पीड़ित व्यक्ति शरीर में मौजूद छोटी-सी कमी को भी बड़ी गंभीरता से लेने के कारण फालतू में परेशान रहने लगता है।
- बीमारी होने का वहम एक मानसिक रोग है। रोगी को डांटने-फटकारने या फिर यह कह देने से कि 'तुम्हें कोई परेशानी नहीं है, केवल ढोंग कर रहे हो' समस्या घटने की बजाय बढ़ सकती है।
- इस समस्या के निदान हेतु मानसिक तौर पर दिया गया उपचार सबसे ज्यादा फायदेमंद सिद्ध होता है।

सोमेटाइजेशन डिसऑर्डर का उपचार

- एक बार ये पता चल जाने पर कि व्यक्ति को सोमेटाइजेशन का रोग है, उसका बार-बार अलग-अलग चिकित्सकों से मिलने पर रोक लगाना पहला व सबसे जरूरी कदम बन जाता है। इसके बाद किसी योग्य मनोचिकित्सक से रोगी की जान-पहचान कराना दूसरा कदम है। इस तरह रोगी का डॉक्टरों से सहानुभूति लेने का मौका खत्म हो जाता है।
- आमतौर पर ऐसे रोगी को मनोचिकित्सक एक-एक महीने के अंतराल के बाद बुलाना बेहतर समझता है। हर बार मरीज को उसके लक्षणों को बताने का मौका दिया जाता है। मनोचिकित्सक इस तरीके के द्वारा रोगी के अवचेतन मन की कुंठाओं को बाहर निकालने की कोशिश करता है।
- रोगी को सलाह दी जाती है कि वो अपने शारीरिक लक्षणों की तरफ ध्यान न देकर किसी और रचनात्मक काम में मन लगाए। इस प्रकार ध्यान बंटने से रोग से छुटकारा पाने में मदद मिलती है।
- मनोचिकित्सक रोगी को अपनी भावनाएं व कुंठाएं व्यक्त करने के दूसरे तरीके बताता है ताकि अवचेतन मन में उठी ये समस्याएं शरीर पर असर न डालकर, अपने आप बाहर निकल जाएं।
- कुछ विशेष एंटीडिप्रेसेंट दवाएं भी इस रोग से निजात दिलाने में मदद कर सकती हैं। इन दवाओं की निश्चित मात्रा व अवधि होती है।
- कई बार इस प्रकार के कई मरीजों को एक साथ इकट्ठा कर समूह चिकित्सा भी दी जाती है जो काफी कामयाब सिद्ध होती है।

एक आम फिजीशियन के पास जाने वाले सभी रोगियों में लगभग 15% रोगी सोमेटाइजेशन रोग का शिकार होते हैं, परंतु इनमें ज्यादातर रोगियों की यह समस्या सही समय पर डायगनोज नहीं हो पाती और मरीज एक के बाद दूसरे चिकित्सक के चक्कर काटने को मजबूर हो जाता है।

ध्यान दें

- यदि आपकी माताजी, बहन, कोई रिश्तेदार या फिर आप खुद तरह-तरह के शारीरिक कष्टों का शिकार हैं, परंतु जांच-पड़ताल में कुछ भी निकलकर सामने नहीं आता तब हो सकता है यह सोमेटाइजेशन डिसआर्डर का रोग हो।
- यह रोग मन के कष्टों का शरीर पर हो रहे असर का सूचक है।
- योग्य मनोचिकित्सक की देखरेख में काउंसिलिंग व दवाओं से इस रोग से निजात मिल सकती है।
- यह समस्या मुख्य तौर पर कम पढ़ी-लिखी महिलाओं में ज्यादा पाई जाती है।
- रोग से ग्रस्त व्यक्ति कई बार आत्महत्या की भी धमकी दे सकता है, परंतु ऐसा कदम वो कभी नहीं उठाता।
- मानसिक दवाब की स्थिति में इस समस्या के लक्षण बढ़ने लगते हैं।

हिस्टीरिया का इलाज

उपचार

हिस्टीरिया का इलाज मनोवैज्ञानिक पद्धतियों द्वारा किया जाता है। मरीज के मन की बातों, उसके अवचेतन मन में चल रहे द्वंद्व को समझना ही इलाज का मुख्य उद्देश्य होता है। इसके लिए मनोचिकित्सक को मरीज के साथ कुछ समय बिताना पड़ता है ताकि चिकित्सक में विश्वास रख वह अपनी समस्याओं का खुलासा कर सके। अवचेतन मन में चल रहे विचारों को कई बार नारकोथैरेपी (Narcotheraphy), सम्मोहन (Hypnotism) आदि विधियों द्वारा भी जानने में मदद मिलती है। इसके बाद मरीज को साइकोथैरेपी के द्वारा मन में चल रही समस्याओं को समझने व सुलझाने में मदद की जाती है। कई बार कुछ दवाइयां भी प्रयोग की जाती हैं। इसके अलावा उपचार में मरीज के प्रति घर के सदस्यों

का व्यवहार भी बहुत महत्त्वपूर्ण भूमिका निभाता है। दौरों के समय घर के सदस्यों को घबराना नहीं चाहिए और रोगी को जरूरत से ज्यादा ध्यान व सहानुभूति भी नहीं देनी चाहिए। मनोचिकित्सक के कहे अनुसार परिवार के लोगों को अपना व्यवहार सुनिश्चित कर लेना चाहिए, जिससे रोगी के जल्दी ठीक होने की संभावना बढ़ जाती है। अकसर देखा गया है कि रोगी व रोग को बहुत गंभीर रूप में ले लिया जाता है और चिकित्सक के मना करने के बावजूद भी तरह-तरह की दवाइयों के सेवन व फालतू की जांचों में समय व पैसा बर्बाद कर दिया जाता है। यह सब परिवार वालों की अज्ञानतावश होता है। आमतौर पर यह रोग एक या दो बार परामर्श कर लेने पर समाप्त नहीं होता, इसलिए कई बार नियमित रूप से समय पर राय लेना जरूरी बन जाता है। केवल लक्षणों को दूर करना ही इस बीमारी का हल नहीं होता। इसके लिए अवचेतन मन की समस्याओं को सुलझाना बेहद जरूरी होता है।

> कई बार कुछ स्त्रियां अपने स्वार्थों को पूरा करने हेतु रोगी होने का दिखावा करने लगती हैं, जिसमें सब कुछ जान-बूझकर किया जाता है और अवचेतन मन से इसका कोई संबंध नहीं होता। मनोचिकित्सक ऐसी स्थिति का कुछ जांच-पड़ताल के बाद आमतौर पर आसानी से भेद जान लेते हैं।

ध्यान देने योग्य बातें

- लगभग दो प्रतिशत औरतें हिस्टीरिया के दौरों से ग्रस्त हैं।
- हिस्टीरिया मन का रोग है, शरीर का नहीं। इस रोग में मन का विकार शारीरिक लक्षणों के रूप में नजर आता है।
- बेहोशी के दौरों के अलावा यह अन्य रूपों में भी प्रकट हो सकता है।
- इसके उपचार हेतु, मनोचिकित्सक की देखरेख में किया गया इलाज सबसे उचित तरीका है।
- उपचार में कई बार लंबा समय भी लग सकता है, इसलिए संयम जरूरी है।
- रोगी के घर के सदस्यों का मनोचिकित्सक की बातों व दिए गए निर्देशों पर पूरी तरह से अमल करना बेहद जरूरी है। अन्यथा समस्या का हल होना मुश्किल हो जाता है।

- हिस्टीरिया के दौरों के समय रोगी के परिवार वालों को बिल्कुल भी घबराना नहीं चाहिए, क्योंकि इस रोग में व्यक्ति की जान को कोई खतरा नहीं होता।
- दौरों के समय रोगी से कोई भी सहानुभूति न जताएं व उस दौरान रोगी के हाथों-पैरों को मलना, सिर पर हाथ रखना, ठंडा पानी छिड़कना आदि बातों से परहेज रखें।
- मन की उलझनों के सुलझने के साथ ही यह रोग ठीक होने लगता है।
- रोग को केवल एक बहाना समझ रोगी की उपेक्षा या मजाक न करें।
- जादू-टोने से दूर रहें तथा ओझाओं के चक्कर में न पड़ें।
- बिना चिकित्सक की सलाह के फालतू में दवाइयों का सेवन न करें।

अनावश्यक जांचों में पैसा व समय बर्बाद न करें। लंबी चल रही हिस्टीरिया की बीमारी का इलाज बेहद मुश्किल हो जाता है। अतः जल्द से जल्द अपने नजदीकी योग्य मनोचिकित्सक की सलाह लें।

कैसे मिले आत्महत्या के विचारों से मुक्ति?

ज्यादातर आत्महत्याओं की घटनाओं को रोका जा सकता है, अगर ऐसे व्यक्तियों की मानसिक दशा का सही समय पर पता चल जाए और उनको मनोचिकित्सक का सही मार्गदर्शन मिल जाए। आत्महत्या के विचारों से मुक्ति दिलाने हेतु आमतौर पर निम्नलिखित तरीके अपनाए जाते हैं।

- **बातचीत द्वारा :** इसके जरिए व्यक्ति के मन के विचारों, मनोदशा व उसकी परिस्थितियों को जानने की कोशिश की जाती है। इस तरह व्यक्ति की वास्तविक मनोस्थिति क्या है? उसका पता चल जाता है। धीरे-धीरे काउंसिलिंग के द्वारा व्यक्ति को सही रास्ते पर लाने की कोशिश की जाती है। इस विधि में कई तरीकों का इस्तेमाल किया जाता है जैसे, व्यक्ति के मन में जब भी मरने का विचार आए तो अपने काउंसलर या दोस्त को बताना (एग्रीमेंट बनाना), अपने विचारों को कागज पर लिखना व उनको चैलेंज करना आदि। बड़े शहरों में कई संस्थाएं इस प्रकार के इलाज के लिए सहायता केंद्र (Help Lines) भी चला रही हैं।
- **दवाओं द्वारा :** अगर इस प्रकार के विचार किसी मानसिक रोग जैसे डिप्रेशन, साइकोसिस, स्किजोफ्रेनिया आदि के वजह से हों तब दवाओं

के इस्तेमाल द्वारा, इन रोगों का उचित इलाज करने पर, ये विचार अपने आप आना बंद हो जाते हैं।

- **ई.सी.टी. :** डिप्रेशन की गंभीर अवस्था में जब व्यक्ति अपने आप को समाप्त करने की सोचने लगे व दवा देने से भी स्थिति नियंत्रण में न आए, तब बिजली के टीकों द्वारा उपचार देना लाजमी हो जाता है। इस समस्या से तुरंत मुक्ति पाने के लिए यह तरीका बेहद कारगार सिद्ध हुआ है।

ध्यान दें

- आत्महत्या के विचार आना, बीमार मन को सूचित करता है। इसलिए इस अवस्था से मुक्ति पाने के लिए मन का इलाज बेहद जरूरी है। एक स्वस्थ मन इन विचारों से कभी ग्रस्त नहीं होता।
- ज्यादातर आत्महत्याओं की घटनाओं को रोका जा सकता है, अगर सही समय पर व्यक्ति के बीमार मन का उपचार होना शुरू हो जाए।
- अगर व्यक्ति के मन में कभी इस प्रकार के विचार पनपने लगें तब अपने नजदीकी मनोवैज्ञानिक/मनोचिकित्सक से मिलने में देर नहीं करनी चाहिए।
- किसी भी व्यक्ति की इस प्रकार की बातों जैसे "मैं अब और जीना नहीं चाहता", "अब मुझ से किसी को कोई परेशानी नहीं होगी" आदि को गंभीरता से लें, क्योंकि 10 में से 8 व्यक्ति मरने से पहले अपने नकारात्मक विचारों को किसी न किसी रूप में व्यक्त जरूर करते हैं।
- एक बार आत्महत्या करने की कोशिश में विफल हुआ व्यक्ति कभी भी दोबारा और ज्यादा गंभीर कोशिश कर सकता है, इसलिए इस घटना को हमेशा गंभीरता से लें।
- ऐसी मनोदशा रखने वाले व्यक्ति के आसपास से नशे की गोलियां, हथियार, चाकू, ब्लेड, रस्सी व अन्य दवाओं को व्यक्ति की पहुंच से दूर रखें।
- ऐसे व्यक्तियों का आत्मविश्वास बढ़ाने की कोशिश करें व परिवार वाले पूरी तरह से सतर्क रहें। व्यक्ति को अपने मन की पूरी बात कहने का अवसर देते रहें।
- आत्महत्या के विचार जरूरी नहीं कि मनोरोग की वजह से पैदा हों, अन्य स्थितियों में भी ये विचार पनप सकते हैं।

- वह व्यक्ति जिसका मन आत्महत्या के विचारों से घिरा हो, योग्य मनोचिकित्सक की देखरेख में इनसे मुक्त हो सकता है।

व्यवहार में बदलाव, नींद न आना, भूख न लगना, दोस्तों से मिलना बंद करना, अपना बिल्कुल भी ध्यान न रखना, रिश्तेदारों से एक-एक करके मिलना व अलविदा कहना, उदास रहना, नकारात्मक व मरने की बातें करना आदि किसी भी इंसान में आत्महत्या के सूचक हो सकते हैं।

देश भर में फैले, निम्नलिखित सहायता केंद्र (Suicide Prevention Help Lines) इस मनोदशा से जूझ रहे व्यक्तियों को उचित मार्गदर्शन दे सकते हैं। इन सहायता केंद्रों से टेलीफोन व पत्र व्यवहार के जरिए संपर्क किया जा सकता है :

1. Asha Help Line
Psychiatry Department, G.M.C.H.,
Sect-32, Chandigarh
Tel: +91-0172 2667782, 2667783

2. The Samaritans-Sahara
"Sevaniketan", Sir J.J.Road,
Byculla Bridge
Mumbai-400008, India
Tel: +91-22-3073451

3. Aasra
A-4,Tanvar View, CHS,Plot No:43,
Sector-7, Koparkhairane
Nava Mumbai-400701, India
Tel: +91-22-7546669

4. Maitreyi
255,Thgagumudali Street,
Pandicheery-605001
India,Tel: +91-413-339999

5. Roshni
1-8-303/48/21 Kalavatni Nivas, Sindhi Colony
S.P.Road, Secunderabad-500003 A.P., India
Tel: +91-407904647

6. Sumaitri

NDMC Complex, 1st Floor, 48,

Babar Road, Bengali Market

New Delhi-110001, India

Tel: +91-11-3710763

Web site: *http://www.suaitri.org/*

7. Maithri

Vimalalayam Building

Ashir Bhavan Road, Kacheripadi

Kochi(Cochin), 682018, Kerala, India

Tel: +91-484-2396272

Web site: *http//www.maithrikochi.org/*

8. Lifeline Foundation

17/1A Alipore Road

Kolkata-700027, India

Tel: +91-33-24745255 or 24745886

Web site: *http//education.vsnl.com/n4h/*

9. Saath

B-12, Nilamber Complex

H.L.Commerce College Road,

Narangpura

Ahmedabad-380006, India

Tel: +91-79-6305544

10. Sneha

No:7, Besant Road,

Royapettah

Chennai-600014, India

Tel: +91-44-28352345

Web Site: *http//snehaindia.org/*

व्यक्तित्व विकार का उपचार

व्यक्तित्व विकार से ग्रस्त व्यक्ति में मानसिक उपचार द्वारा सुधार लाया जा सकता है, परंतु इसमें मनोचिकित्सकों/मनोवैज्ञानिकों को काफी मेहनत करनी पड़ती है, क्योंकि :

अकसर ये लोग अपने आपको किसी व्यक्तित्व विकार से ग्रस्त नहीं मानते। ये लोग खुद को ठीक व दूसरों को गलत बताते हैं।

उपचार में काफी समय लगता है और रोगी को लंबे समय तक अपने मनोचिकित्सक से लगातार मिलना पड़ता है। इलाज में अकसर सालों लग जाते हैं।

इलाज के तरीके (कैसे किया जाता है व्यक्तित्व विकार में सुधार)

- **बातचीत (साइकोथैरेपी) द्वारा :** इसमें रोगी के नजरिए, दृष्टिकोण व सोचने-समझने के तरीकों आदि को धीरे-धीरे बदलने की प्रक्रिया शुरू की जाती है। व्यक्ति को उसके विकार से जुड़ी समस्याओं के बारे में अवगत कराया जाता है ताकि वह उन पर काबू पा सके।
- **ग्रुप थैरेपी द्वारा :** इसमें एक ही प्रकार के व्यक्तित्व विकार से ग्रस्त व्यक्तियों को एकसाथ इकट्ठा कर मानसिक उपचार दिया जाता है जो कि काफी लाभदायक सिद्ध होता है।
- **दवाओं द्वारा :** कुछ खास व्यक्तित्व विकारों जैसे भावनात्मक तौर पर अस्थिर, चिंताग्रस्त, सनकी व मायूस व्यक्तित्व विकारों आदि में दवाओं का इस्तेमाल भी लाभदायक सिद्ध हुआ है।

ध्यान दें

- हर आम इंसान के व्यक्तित्व में कुछ खामियां मौजूद रहती हैं, परंतु जब ये खामियां जरूरत से ज्यादा हो जाएं तब ये व्यक्तित्व विकार की ओर इशारा करने लगती हैं।
- न जाने कितने ही लोग इन विकारों से ग्रस्त हैं, परंतु अज्ञान वश इलाज न हो पाने के कारण इनका व इनके साथ रहने वाले लोगों का पूरा जीवन कष्ट में गुजरता है।
- प्रत्येक व्यक्तित्व विकार के लिए अलग-अलग मानसिक उपचार की विधियां अपनाई जाती हैं।

- इन विकारों के इलाज के दौरान जैसे-जैसे व्यक्ति को अपने व्यक्तित्व की समस्याओं का पता चलता है वैसे-वैसे उसमें सुधार आना शुरू हो जाता है।
- व्यक्तित्व विकार से ग्रस्त व्यक्ति का इलाज संभव है, परंतु ये काफी लंबा व जटिल होता है।
- अकसर व्यक्तित्व विकार से ग्रस्त व्यक्ति के साथ रहने वाले लोगों को उससे ज्यादा कष्ट व परेशानी उठानी पड़ती है।

अगर आपका कोई अपना व्यक्तित्व विकार से ग्रस्त है तो उसे किसी न किसी बहाने अपने नजदीकी मनोचिकित्सक से जरूर मिलवाएं।

श्वास और आप

कुछ तथ्य

जीवन पहली सांस और आखिरी सांस के बीच का खेल है। इन दिनों श्वास क्रियाओं का महत्त्व हर कोई व्यक्ति जानने का इच्छुक है। इस संबंध में कई बार तथ्यों को सही ढंग से पेश नहीं किया जाता कारणवश क्रियाओं के विषय में भ्रम उत्पन्न हो जाता है। आधुनिक युग में इस विषय को भी वैज्ञानिक दृष्टिकोण से देखना आवश्यक है। श्वास-क्रिया मुख्य तौर पर दो तरह की होती है :

1. छाती द्वारा श्वास क्रिया।
2. पेट द्वारा श्वास क्रिया।

जब हम शांत च चिंतामुक्त होते हैं तब हम श्वास लेने के लिए पेट की मांसपेशियों का इस्तेमाल करते हैं जोकि बड़ा स्वाभाविक होता है और इसका हमारे चेतन मन को कोई बोध नहीं रहता। यह सब अपने आप चलता रहता है। बच्चों में यह श्वास क्रिया आमतौर पर इसी तरह की होती है जिसको आसानी से देखा भी जा सकता है। छाती की बजाय पेट द्वारा सांस लेना ज्यादा से ज्यादा आक्सीजन फेफड़ों में ले जाने में मदद करता है। घबराहट, मानसिक तनाव, डर, टेंशन, बेचैनी की स्थिति में निम्नलिखित बदलाव हमारी श्वास क्रिया में आते हैं :

1. पेट की जगह छाती द्वारा ज्यादा सांस लेना।
2. तेज गति से जल्दी-जल्दी सांस का बढ़ना।
3. फेफड़ों से वायु का पूरी तरह से बाहर न निकलना।

इस तरह का आया बदलाव 'दम घुटने' जैसा अनुभव भी पैदा कर सकता है। लंबे समय तक चल रही श्वास-क्रिया में यह बदलाव निम्नलिखित लक्षण पैदा करता है।

1. मांशपेशियों में खिंचाव।
2. हाथों-पैरों में सुन्नपना या चीटियों के चलने का महसूस होना
3. चक्कर अनुभव करना।
4. सिर में हल्कापन या भारीपन होना।
5. थकान।

कई व्यक्ति पेट की बजाय छाती द्वारा सांस लेना अपनी स्वाभाविक क्रिया बना लेते हैं कारणवश उनमें ऊपर लिखे शारीरिक लक्षण पैदा होने लगते हैं।

उचित श्वास क्रिया क्या है?

छाती की बजाय पेट की मांसपेशियों द्वारा स्वाभाविक तौर पर होने वाली श्वास क्रिया ही सबसे उचित है। इस प्रकार से होने वाली श्वास की क्रिया तनावमुक्त अवस्था का अनुभव प्रदान कर घबराहट, चिंता, मानसिक दबाव, साइकोसोमेटिक आदि समस्याओं से निजात दिलाने में मदद करती हैं, परंतु यह समझ लेना कि उचित श्वास क्रिया द्वारा सभी शारीरिक व मानसिक समस्याओं पर काबू पाया जा सकता है एक गलत व अवैज्ञानिक सोच है।

श्वास लेने की उचित विधि

श्वास लेने की ये क्रिया किसी प्रशिक्षित व्यक्ति के निरीक्षण में सीखी जानी चाहिए।

निम्नलिखित चरण उचित श्वास-क्रिया सीखने में मदद कर सकते हैं :

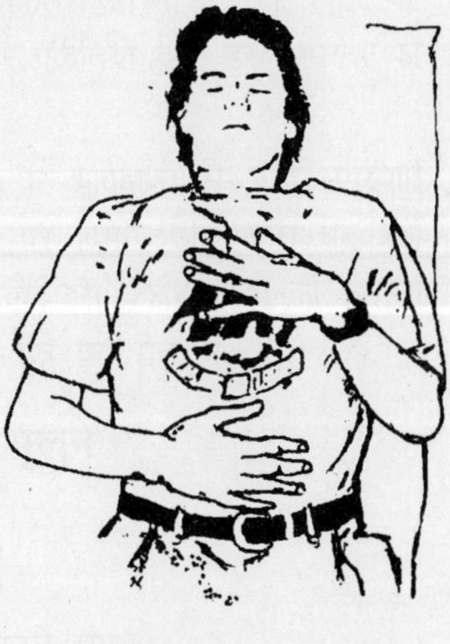

1. अपनी पीठ के सहारे लेट जाइए या फिर कमर को सीधे रखते हुए आरामपूर्वक बैठ जाइए। आंखें बंद कर लीजिए।
2. एक हाथ छाती पर तथा दूसरा हाथ पेट के ऊपर रख लें।
3. मुंह बंद रखते हुए श्वास धीरे-धीरे अंदर लें और बाहर छोड़ें। जब सांस बाहर छोड़ें तो पेट पर रखा हाथ नीचे की ओर या फिर अंदर की तरफ आए।

4. छाती पर ध्यान ने देते हुए केवल पेट की मांसपेशियों द्वारा ही सांस भरें व छोड़ें।
5. ध्यान रहे सांस धीरे-धीरे इस प्रकार लें कि केवल पेट पर रखा हाथ ऊपर व नीचे की तरफ गति में आए। छाती पर रखा हाथ बिल्कुल न हिले।
6. यह क्रिया 10 मिनट तक करें। लगातार हर रोज एक बार यह क्रिया करने पर श्वास लेने का तरीका सुधर जाता है और व्यक्ति मानसिक तौर पर काफी स्वस्थ महसूस करने लगता है ।

ध्यान रहे, आम धारणा के अनुसार तेज गति से बार-बार सांस लेना लाभ की बजाय नुकसान दायक भी हो सकता है, इसलिए श्वास-क्रिया हमेशा धीमी गति से करें।

एक पीढ़ी से दूसरी पीढ़ी में जा सकते हैं मानसिक रोग

वंशानुगत हो सकते हैं मानसिक रोग

. . . .

रमा स्किजोफ्रेनिया नामक मानसिक रोग से ग्रस्त है। काफी समय से उसका इलाज चल रहा है, जिसके चलते वह काफी ठीक है और सामान्य व्यक्ति की तरह अपना जीवन व्यतीत कर रही है। एक दिन वह अपने पति के साथ मनोचिकित्सक से मिलने जाती है। रमा का पति मनोचिकित्सक से पूछता है, डॉ. साहब रमा की मानसिक बीमारी क्या मेरे बच्चों को भी हो सकती है? क्या यह बीमारी मुझे भी होने का खतरा है? इस प्रकार के सवाल मानसिक रोगी व उनके सगे-संबंधियों के मन में अकसर उठते रहते हैं। इन प्रश्नों का सही जवाब उचित जानकारी व काउंसिलिंग (परामर्श) द्वारा दिया जा सकता है। इसे ही जैनेटिक काउंसिलिंग कहा जाता है।

. . . .

नई खोजों से ज्ञात हो रहा है कि कई शारीरिक रोगों की तरह मानसिक रोग भी वंशानुगत हो सकते हैं। जींस के जरिए ये रोग एक वंश से दूसरे वंश में जा सकते हैं। परंतु यह प्रक्रिया काफी जटिल होती है। व्यक्ति में मानसिक रोगों के जींस का होना उसको रोगी नहीं बना सकता जब तक की रोग पैदा करने के लिए जींस को अनुकूल वातावरण न मिल जाए। आसान शब्दों में कहें तो मानसिक रोगों के बीज किसी को भी उनके पूर्वजों से मिल सकते हैं। परंतु रोग रूपी पौधा तभी जन्म लेगा जब बीजों को अंकुरित होने का सही मौका मिले। उदाहरण के तौर पर यदि पिता को डिप्रेशन की बीमारी है, तब बेटा/बेटी में डिप्रेशन के जींस मौजूद हो सकते हैं, परंतु उनमें रोग तभी पनप पाएंगे अगर

वो किसी गंभीर मानसिक तनाव या परेशानी से गुजरें। आम व्यक्ति में गंभीर तनाव शायद डिप्रेशन का रोग पैदा न करे, परंतु इस बीमारी के जींस लिए व्यक्तियों में डिप्रेशन होने का अंदेशा ज्यादा होता है।

मानसिक बीमारियों जैसे स्किजोफ्रेनिया, बाइपोलर डिसआर्डर, डिप्रेशन, पेनिक अटैक, सनक की बीमारी, (आबसैसिव कम्पलसिव डिसआर्डर) आदि वंशानुगत हो सकती हैं। ये रोग किसी एक जींस की बजाय जींस के समूह द्वारा नियंत्रित होते हैं। मानसिक रोग होने का खतरा कुछ हद तक हर इंसान में होता है। परंतु रोगी के वंश से जुड़े सगे-संबंधियों में इनके होने की संभावना थोड़ी ज्यादा होती है। परंतु उनमें रोग जरूर होगा यह कहना उचित नहीं होगा।

अलग-अलग मानसिक रोगों से पीड़ित व्यक्तियों के सगे-संबंधियों में रोग होने की संभावनाएं इस प्रकार हैं :

1. **स्किजोफ्रेनिया :** माता-पिता में किसी एक को यह बीमारी हो तो बेटा या बेटी में इसके होने की संभावना आम व्यक्तियों की अपेक्षा लगभग दस गुना ज्यादा बढ़ जाती है अर्थात् रोगी की दस संतानों में से एक को रोग होने का खतरा है। रोग अवश्य होगा ऐसा जरूरी नहीं। दोनों माता-पिता अगर इस रोग से पीड़ित हैं तब संतान में रोग होने की संभावना तीस गुना बढ़ जाती है। रोगी के हमशक्ल जुड़वां भाई-बहन में यह संभावना सबसे ज्यादा प्रबल होती है। रोगी के चाचा-मामा की संतानों में यह संभावना ढाई गुना बढ़ जाती है।

2. **डिप्रेशन :** इस रोग से जूझ रहे रोगियों की संतानों और सगे भाई-बहनों में यह रोग होने की संभावना आम व्यक्तियों की अपेक्षा दो गुना अधिक पाई जाती है। हमशक्ल जुड़वां भाई-बहन में यह संभावना चौबीस गुना ज्यादा होती है।

3. **बाईपोलर डिसआर्डर :** यह दो छोरों पर होने वाली बिगडी हुई भावोवस्था (मैनिक डिप्रेशन डिसआर्डर) वाला मनोरोग है। इस रोग से ग्रस्त व्यक्ति की संतानों व सगे भाई-बहन में इसके होने की संभावना लगभग आठ गुना ज्यादा होती है।

4. **पेनिक डिसआर्डर :** यह एक चिंता रोग है। जिसमें घबराहट अचानक आए दौरों के रूप में पैदा होती है। रोगी की संतानों में इस रोग के होने की आशंका आम व्यक्तियों की तुलना में लगभग 13 गुना ज्यादा होती है।

5. **सनक की समस्या** (आबसैसिव कम्पलसिव डिसआर्डर) : इस रोग में व्यक्ति के दिमाग में तरह-तरह के उलटे-सीधे विचार, चित्र, यादें व वहम उसकी इच्छा के विरुद्ध आते रहते हैं। लाख रोकने पर भी वह अपने आप को इन विचारों से मुक्त नहीं करा पाता। रोगी की संतानों व सगे भाई और बहनों में इस रोग की आशंका लगभग दस गुना ज्यादा होती है।

अन्य मानसिक रोग भी वंशानुगत हो सकते हैं। आने वाले समय में आनुवंशिक अध्ययन इन तथ्यों पर और रोशनी डालने में मदद करेंगे।

ध्यान दें

- मानसिक रोग भी एक पीढ़ी से दूसरी पीढ़ी में जा सकते हैं।
- रोगी की संतानों व सगे संबंधियो में रोग अवश्य होगा, ऐसा जरूरी नहीं है।
- व्यक्ति में अगर रोग के जींस हों तो रोग तभी उत्पन्न होगा अगर जींस को प्रभाव दिखाने के लिए अनुकूल वातावरण मिले।
- जींस व वातावरण दोनों मिलकर रोग को पैदा करते हैं। रोग का होना इन दोनों की आपसी जटिल क्रिया का नतीजा है।
- मानसिक रोग संक्रमण द्वारा अर्थात मरीज को छूने या उसके संपर्क में आने से नहीं होता है। उदाहरणार्थ पति को हो रहे मानसिक रोग का पत्नी को होने का कोई सीधा खतरा नहीं है।
- यदि परिवार में किसी को मानसिक रोग है और मन में संदेह पैदा हो जैसे "क्या मुझे या मेरे बंच्चों को आगे चलकर यह रोग हो सकता है?" तब जेनेटिक काउंसिलिंग आपके संदेह को दूर करने में मदद कर सकती है।

मांसपेशिय निश्चलता का अभ्यास

एक असरदायक विधि

वैसे तो आज मन को तनाव से मुक्त करने हेतु बहुत सी विधियां जैसे मेडिटेशन, योगा, श्वास क्रियाएं, बायोफीडबैक, हिपनोसिस आदि उपलब्ध हैं। परंतु इन सभी में मांसपेशिय निश्चलता का अभ्यास सबसे ज्यादा उपयोगी सिद्ध हुआ है। क्योंकि यह एक सरल व आसानी से सीखी जाने वाली असरदायक विधि है। आज ज्यादातर मनोचिकित्सक मानसिक तनाव से मुक्ति के लिए इसी विधि के इस्तेमाल को प्रोत्साहन दे रहे हैं।

क्या है निश्चलता का अभ्यास?

जब इंसान चिंताग्रस्त या मानसिक तनाव की स्थिति में होता है तब उसके शरीर की मांसपेशियां भी तनाव में आने लगती हैं। इसी कारण वह शरीर में खिंचाव व थकान-सी महसूस करने लगता है। अगर शरीर की मांसपेशियों में पैदा हुए इस तनाव को किसी तरह दूर कर दिया जाए तो मन अपने आप शांत होने लगता है। एक तनाव-मुक्त शरीर में तनाव से भरा मन ठहर नहीं सकता, इसी सिद्धांत पर यह विधि काम करती है। इस सिद्धांत की जानकारी सबसे पहले जैकोबसन नामक चिकित्सक ने, 1930 के दशक में दुनिया को दी थी।

नीचे लिखी समस्याओं में यह विधि मददगार साबित हो सकती है :

- मानसिक थकान
- नींद संबंधी समस्याएं
- चिड़चिड़ापन
- भूलने की समस्या
- नशे की लत आदि
- दुश्चिंता रोग
- फोबिया (डर/भय)
- टेंशन हैडेक
- यौन समस्याएं

बेहतर होगा अगर यह अभ्यास किसी प्रशिक्षित व्यक्ति की देखरेख में सीखा जाए। पुस्तक को पढ़कर इस विधि को कर पाना थोड़ा मुश्किल हो सकता है।

कैसे करें इस विधि का इस्तेमाल

सबसे पहले यह मन बनाना बेहद आवश्यक है कि आप इस अभ्यास को करने के लिए हर रोज 20-30 मिनट का समय अपने पूरे दिन की दिनचर्या से जरूर निकालेंगे। इस अभ्यास के लिए एक शांत कमरे या जगह का चुनाव कीजिए और इस दौरान अपने टीवी सैट, फोन, सैलफोन, कंप्यूटर आदि को बंद कर दें। आप चाहें तो हलके व मधुर संगीत का इस्तेमाल, अभ्यास के दौरान कर सकते हैं। इस अभ्यास को दिन के किसी भी समय किया जा सकता है, परंतु सुबह नींद से जागने के बाद व रात को सोने से पहले का समय सबसे उचित माना जाता है। खाना खाने के बाद, दो घंटे तक इसका करना उपयुक्त नहीं माना जाता, क्योंकि पेट भरा होने की वजह से मन निश्चलता को प्राप्त नहीं कर पाता। यह अभ्यास लेटकर या फिर किसी आरामदेह कुर्सी पर बैठकर भी किया जा सकता है। इस अभ्यास को शुरू करने से पहले टाइट कपडे, जूते, बैल्ट, चश्मा, घड़ी आदि उतार दें। ढीलेढाले कपड़ों में अभ्यास करना सबसे अच्छा माना जाता है।

अब जानिए इस अभ्यास को करने की वास्तविक विधि

इस विधि में शरीर की 16 मांसपेशियों में, एक-एक करके तनाव पैदा किया जाता है और फिर उन्हें ढीला छोड़ दिया जाता है। एक मांसपेशी को 8-10 सेकंड तक तनाव में रखा जाता है और फिर उसे एकदम ढीला छोड़ दिया जाता है अर्थात् मांसपेशी को तनावमुक्त कर दिया जाता है। मांसपेशी को इस तनावमुक्त अवस्था में 15-20 सेकंड तक रखा जाता है। इस क्रिया को करते समय अपना सारा ध्यान, मांसपेशी में पैदा किए गए तनाव व ढीलेपन की ओर रखें। मांसपेशी को ढीला छोड़ते समय अपने आपको हल्का व तनावमुक्त महसूस करें।

एक मांसपेशी पर यह अभ्यास करते समय शरीर की बाकी मांसपेशियों को ढीला छोड़ दें।

आइए अब बढ़ते हैं इस अभ्यास के चरणों की ओर

1. सबसे पहले धीरे से तीन गहरी सांस अंदर भरें और धीरे-धीरे बाहर छोड़ दें।
2. फिर अपने दोनों हाथों की मुट्ठियां बनाकर उन्हें कसकर भींच लें और ऐसा 8-10 सेकंड तक करके रखें। इसके बाद दोनों मुट्ठियों को एकदम ढीला छोड़ दें और ये ढीलापन 15-20 सेकंड तक बनाए रखें।
3. इसके बाद अपनी बांहों को कोहनी पर कसकर मोड़ते हुए अपने हाथों को कंधे की ओर ले जाएं और ऐसी स्थिति में 8-10 सेकंड तक रहें। फिर बांहों को तनावमुक्त करते हुए सीधा कर लें।
4. इस चरण में अपनी बांहों को एकदम सीधा रखते हुए, अकड़ा लें और कुछ सेकंड बाद पहले की तरह ढीला छोड़ दें।
5. फिर अपने माथे पर ध्यान दें और अपनी भौंहों को ऊपर की ओर चढ़ाते हुए माथे पर तेवड़ियां पैदा करें। कुछ समय बाद ढीला छोड़ दें।
6. फिर अपनी आंखों को कसकर बंद कर लें और 8-10 सेकंड बाद बिल्कुल ढीला छोड़ दें।
7. इस चरण में अपने जबड़े को कसकर बंद कर लें और जबड़े की मांसपेशियों में पैदा हुए तनाव को महसूस करें। कुछ सेकंड बाद इसे भी ढीला छोड़ दें।
8. फिर अपनी गर्दन को पीछे मोड़ते हुए अपने सिर को पीछे ले जाएं। इससे गर्दन की पिछली मांसपेशियां तनाव में आ जाएंगी। 8-10 सेकंड बाद इस तनाव को छोड़ते हुए पहली अवस्था में आ जाएं।
9. इस चरण में दोबारा फिर धीरे से तीन गहरे सांस अंदर भरें और धीरे-धीरे बाहर छोड़ दें।
10. इसके बाद अपने कंधों में तनाव पैदा करने के लिए उन्हें अपने सिर की ओर खींचते हुए कानों से छूने की कोशिश करें। ऐसी स्थिति में 8-10 सेकंड तक रहें और फिर पहली अवस्था में आ जाएं।
11. इसके बाद अपने कंधों को पीछे कमर की ओर मोड़ें व ऐसी कोशिश करें जैसे दोनों कंधों को पीछे से आपस में मिलाना है। कुछ सेकंड बाद पहली अवस्था में आ जाएं।

12. इसके बाद अपनी छाती में सांस भरकर उसे 10 सेकंड तक रोके रखें। इससे छाती की मांसपेशियों में तनाव पैदा होने लगेगा। इसके बाद सांस बाहर छोड़ते हुऐ मांसपेशियों को ढीला छोड़ दें।
13. फिर अपने पेट को अंदर की ओर 8-10 सेकंड तक सिकोड़े रखें और बाद में एकदम ढीला छोड़ दें। ढीला छोड़ते समय अपने पेट को पूरी तरह शांत महसूस करें।
14. इस चरण में आप अपनी कमर को पीछे की ओर मोड़ते हुए कमर को एक चाप जैसा बना लें। कुछ सेकंड तक इस अवस्था में रहने के बाद पहली अवस्था में आ जाएं। (कमर-दर्द से पीड़ित व्यक्ति यह न करें)
15. इस चरण में अपने कूल्हों व जांघों की मांसपेशियों में खिंचाव पैदा करें और कुछ समय बाद ढीला छोड़ दें।
16. इसके बाद अपने दोनों पैरों की उंगलियों को अपने सिर की ओर मोड़ें। इस प्रकार आपकी टांगों की पिंडलियों में तनाव पैदा हो जाएगा। कुछ समय बाद पहली अवस्था में आ जाएं।
17. इस चरण में अपने पैरों की उंगलियों को सिर से दूर अर्थात नीचे की ओर मोड़ लें। 8-10 सेकंड बाद पहली अवस्था में आ जाएं।
18. इसके बाद अपने पूरे शरीर की मांसपेशियों की ओर ध्यान दें और कहीं तनाव महसूस हो तो उस मांसपेशी को फिर से खिंचाव व ढीलेपन की क्रिया से गुजारें।
19. इस आखिरी चरण में शरीर को ढीला छोड़ते हुए अपने आपको हर प्रकार के तनाव से मुक्त हो, शांत महसूस करें। इस चरण तक आते-आते आप अपने आपको बेहद हलका महसूस करने लगेंगे।
20. क्रिया पूरी होने पर कुछ समय तक शांति की अवस्था में लेटे रहें। कुछ देर बाद बाहर टहलने के लिए जाएं या फिर मधुर संगीत सुनें। इस दौरान दिमाग को उत्तेजित कर देने वाली स्थितियों से बचें।

इस पूरे अभ्यास में 20-30 मिनट का समय लग जाता है। अभ्यस्त होकर इसे करने में केवल 15-20 मिनट तक का समय लगता है। इस अभ्यास को सीखने के लिए बाजार में ओडियो कैसेट भी उपलब्ध हैं। परंतु विशेषज्ञ की देखरेख में इसे आसानी से सीखा जा सकता है।

अत्यधिक शरारती बच्चा : इलाज संभव!

जरूरत से ज्यादा शरारती बच्चा : दिमागी रोग हो सकता है!

रमा घर आए मेहमानों को अपने 8 वर्षीय बच्चे के बारे में कुछ इस प्रकार बता रही है "जरा देखिये इस बच्चे ने तो मुझे बेहाल किया हुआ है, एक जगह टिक कर ही नहीं बैठता हमेशा कूदता-फांदता रहता है। एक काम भी ठीक से नहीं करता, यह तो बेचैन आत्मा की तरह है, पता नहीं क्या होगा इस बच्चे का? स्कूल में टीचर व दूसरे बच्चे भी इससे तंग आ चुके हैं।"

वास्तव में यह बच्चा कोई बेचैन आत्मा न होकर एक दिमागी रोग जिसे "ध्यान भंग रोग यानि एकाग्रता की कमी का रोग" अटैंशन डेफिसिट डिसऑर्डर (Attention Deficit Disorder) कहते हैं से पीड़ित है। स्कूल जाने वाले बच्चों में से तीन से पाँच फीसदी बच्चे इस रोग का शिकार हैं। आमतौर पर माता-पिता को इस रोग के बारे में कोई जानकारी नहीं होती। वो यह सोचकर कि "बच्चा जरूरत से ज्यादा एक्टिव है और कुछ नहीं" इस समस्या को नजरअंदाज कर देते हैं।

इस रोग के लक्षण 3-4 साल की उम्र में ही पैदा होने लगते हैं। परन्तु ज्यादातर बच्चों में इस रोग का पता 7 से 8 वर्ष की उम्र तक ही चल पाता है। ऐसे बच्चों में बुद्धि का विकास आमतौर पर सामान्य होता है अर्थात् इस रोग से पीड़ित बच्चे में दिमाग पूरा होता है परन्तु रोग की मौजूदगी के कारण वह अपनी बौधिक क्षमता का पूरा इस्तेमाल नहीं कर पाता और पढ़ाई-लिखाई व जीवन के अन्य क्षेत्रों में औरों की अपेक्षा पिछड़ने लगता है।

इस रोग के मुख्य लक्षण :

- ❑ एक जगह टिक कर न बैठ पाना।
- ❑ अगर एक जगह बैठना भी पड़ जाये तो बैठे-बैठे हाथ-पैर हिलाना व बेचैन रहना।

- जरूरत से ज्यादा भागदौड़ करना, कूदना-फांदना, शरीर पर बहुत सी चोंटे खाना।
- धीरज न रख पाना, अपनी बारी का इंतजार न कर पाना।
- किसी भी काम में ठीक प्रकार से ध्यान न लगा पाना चाहे वह खेल हो या पढ़ाई।
- एक काम को पूरा किये बिना दूसरे काम में ध्यान लगाना, जिसके कारण वह कोई भी काम पूरा नहीं कर पाता।
- हर कार्य में बहुत सी गलतियां करना।
- अपने आस-पास की चीजों जैसे कपड़ों, खिलौनों आदि को अस्त-व्यस्त रखना।
- उन कार्यों से दूर भागना जिसमें एकाग्रता की जरूरत पड़ती हो। शतरंज, ल्यूडो, कैरमबोर्ड आदि जैसे खेलों को टिक कर न खेल पाना।
- क्लास में पढ़ाई पर ध्यान न देकर इधर-उधर की घटनाओं की और आकर्षित होना व दूसरे बच्चों के साथ छेड़छाड़ करना।
- स्कूल में अपनी चीजें जैसे कॉपी, पैंसिल, बैग आदि भूल आना।
- दूसरों का कहा अनसुना कर देना, कमजोर याददाश्त, जरूरत से ज्यादा बोलना, इस रोग के अन्य लक्षण हैं।

ऊपर दिये गये लक्षणों में से जरूरी नहीं सारे लक्षण एक बच्चे में ही हो। इस रोग से ग्रस्त प्रत्येक बच्चे के लक्षण दूसरे से भिन्न हो सकते हैं।

इस रोग का कारण क्या है ?

इस बीमारी के बहुत से कारण बताये गये हैं। परन्तु दिमाग के कुछ हिस्सों में रासायनिक पदार्थों जैसे डोपामीन आदि का असंतुलन इस रोग का मुख्य जैविक कारण है। पहले बच्चे में यह बीमारी ज्यादा देखने में आई है, खासतौर से लड़कों में।

इस रोग का उपचार :

आमतौर पर युवावस्था में जाकर बहुत से बच्चे इस रोग से मुक्त होने लगते हैं। परन्तु तब तक इस समस्या के कारण पीड़ित बच्चे का विकास जीवन के बहुत से क्षेत्रों (जैसे पढ़ाई-लिखाई, सामाजिक क्रियाकलाप) में रुक जाता है और

उसका जीवन में नाकामयाब होने की संभावनाएं बढ़ जाती हैं। कुछ युवकों में इस रोग के लक्षण जेसे बेचैनी, अधीरता, ध्यान की कमी, जल्दबाजी, भुल्लकड़पन जैसे लक्षण आदि लम्बे समय तक चलते रहते हैं। समय के रहते इस रोग का योग्य मनोचिकित्सक से इलाज करवाने पर इस समस्या से मुक्ति मिल सकती है। इस रोग के इलाज में निम्नलिखित तरीके अपनाये जाते हैं–

1. **व्यवहार चिकित्सा :** इस विधि में मनोचिकित्सक पीड़ित बच्चे के वातावरण में आवश्यक बदलाव पैदा करता है और बच्चे व माता-पिता को व्यवहारिक प्रशिक्षण भी देता है।
2. **काऊंसिलिंग (बातचीत) :** इस विधि में मनोचिकित्सक माता-पिता व दूसरे अभिभावकों की काऊसिलिंग करता है। इसके जरिये मां-बाप को पीड़ित बच्चे से किस प्रकार का व्यवहार किया जाए सिखाया जाता है।
3. **दवाओं के द्वारा :** दिमाग के कुछ हिस्सों को उत्तेजित करने वाली खास दवाएं इस रोग की रोकथाम में कामयाब सिद्ध हुई हैं। इन दवाओं का निर्धारण मनोचिकित्सक पीड़ित बच्चे की अवस्था व अन्य परिस्थितियों को ध्यान में रखकर करता है।

ध्यान दें : अगर आपका बच्चा जरूरत से ज्यादा शरारती है और आपके कहे अनुसार नहीं चलता तो उसे मारने पीटने या डांटने की बजाए, जल्द से जल्द मनोचिकित्सक के सम्पर्क में लायें ताकि उसकी समस्याओं का वैज्ञानिक ढंग से उपचार किया जा सके।

> ध्यान भंग रोग से पीड़ित कुछ बच्चे बड़े होकर नशाखोरी, असामाजिक व हिंसक प्रवृत्तियों का शिकार होते देखे गये हैं।